CUIDARNOS

Isabel Sánchez

Cuidarnos

En busca del equilibrio entre la autonomía y la vulnerabilidad

ESPASA

La lectura abre horizontes, iguala oportunidades y construye una sociedad mejor.

La propiedad intelectual es clave en la creación de contenidos culturales porque sostiene el ecosistema de quienes escriben y de nuestras librerías.

Al comprar este libro estarás contribuyendo a mantener dicho ecosistema vivo y en crecimiento.

En **Grupo Planeta** agradecemos que nos ayudes a apoyar así la autonomía creativa de autoras y autores para que puedan seguir desempeñando su labor.

Dirígete a CEDRO (Centro Español de Derechos Reprográficos) si necesitas fotocopiar o escanear algún fragmento de esta obra. Puedes contactar con CEDRO a través de la web www.conlicencia.com o por teléfono en el 91 702 19 70 / 93 272 04 47.

Espasa, en su deseo de mejorar sus publicaciones, agradecerá cualquier sugerencia que los lectores hagan al departamento editorial por correo electrónico: sugerencias@espasa.es.

© Isabel Sánchez, 2024
© Editorial Planeta, S. A., 2024
Espasa, sello editorial de Editorial Planeta, S. A.
Avda. Diagonal, 662-664, 08034 Barcelona
www.planetadelibros.com
www.espasa.com

Diseño de la cubierta: Planeta Arte & Diseño
© Ilustración de la cubierta: Sandra Rilova

Primera edición: marzo de 2024

ISBN: 978-84-670-7130-6
Depósito Legal: B. 3.084-2024
Preimpresión: Safekat, S. L.
Impresión: Unigraf, S. L:
Printed in Spain - Impreso en España

PEFC Certificado
Este libro procede de bosques gestionados de forma sostenible
PEFC/14-38-00305 www.pefc.es

A mi padre

ÍNDICE

UN CRUCE DE MIRADAS

Miro hacia atrás. Una pandemia. Miles de difuntos. Toneladas de dolor. Momentos de grandeza y, aun así... ¡qué mediocre respuesta humana si después de todo esto —como nos advertía Etty Hillesum, joven testigo de otra tragedia enorme— «no supiéramos ofrecer al mundo empobrecido más que nuestros cuerpos salvados a toda costa y no un nuevo sentido de las cosas» (*Carta a dos hermanas de La Haya*, Ámsterdam, diciembre de 1942).

Cuando en marzo del año 2020 ponía el punto y final al primer borrador del libro *Mujeres brújula en un bosque de retos*, la boca negra y amenazante de la pandemia me situaba ante un abismo de incertidumbre. Presa del desconcierto, me preguntaba entonces si el borrador que tenía entre mis manos llegaría a ver la luz…

No podía ni imaginarme que en breves meses me sacudirían también el diagnóstico de una enfermedad grave y, más adelante, el estallido de un conflicto armado en Europa con la amenaza más que real de una Tercera Guerra Mundial.

Me sentí como un trapo desgarrado y arrojado por sorpresa a una centrifugadora en que el destino cambiaba del programa 1 al acelerado programa 2. Si el primero era apto para los llamados entornos VUCA, caracterizados por ser volátiles, inciertos, complejos y ambiguos, el segundo parecía diseñado para los más recientemente llamados entornos BANI: frágiles, ansiosos, no lineales e inaprehensibles.

En definitiva, me vi —como tantos conciudadanos— sumergida en alma y cuerpo en un vertiginoso chapuzón dentro del caótico siglo XXI, mi siglo.

El resultado podría haber sido letal, pero cuando por fin cedieron las revoluciones, se pudo abrir la puerta de la centrifugadora y extraje el trapo de mi vida, observé que había quedado arrugado, sí, maltratado, sí, mareado, sí. Pero sus pulsaciones vitales eran más fuertes y ondeaba al viento, mejor orientado hacia el norte. El trapo —pequeño y débil como siempre— llevaba impresa una marca: la vulnerabilidad y la dependencia, como camino de crecimiento hacia la magnanimidad.

Me brillaba en los ojos una mirada cuidadosa, que daba con el hallazgo de un «nuevo sentido de las cosas».

Esto es, precisamente, lo que me gustaría compartir con este libro: un cruce de miradas con la cultura del cuidado.

INTRODUCCIÓN

Aunque, en principio, lo teníamos todos claro, la pasada pandemia ha evidenciado la vulnerabilidad y la fragilidad de las personas, así como la necesidad y el valor del cuidado y del trabajo de los que cuidan a otros. ¡Cuántos aplausos al personal sanitario o a los que se mantuvieron en su puesto laboral para proporcionarnos bienes básicos!

Nos encanta el principio de autonomía, según el cual nuestra valía humana se apoya en la soltura con la que nos movemos por el mundo sin ayuda de nadie; sin embargo, los meses pasados nos han dejado claro que nuestra realidad de seres de carne y hueso nos hace interdependientes: aterrizamos en el mundo gracias a múltiples y prolongados cuidados, muy pronto tendremos que cuidar a otros y habrá momentos del recorrido en que nos tendremos que dejar cuidar: sin duda, en el tramo final.

Hasta hace unos decenios, esa obligación de cuidar se hacía natural y gustosa, porque en buena parte se circunscribía al ámbito familiar; la familia era compacta y extendida, con lo que los cuidados se podían repartir mejor; y había mucha población joven y fuerte. Hoy, al menos en Europa, nos encontramos frente a un panorama más desafiante: la desmembración de las familias, el relevante descenso de la natalidad y la prolongación de la media de esperanza de vida nos ponen ante la mirada a millones de personas solas y dependientes con escasísimos o nulos vínculos de parentesco. El envejecimiento, la soledad y cómo estos afectan a la salud mental son algunos de los retos a los que, como sociedad, nos enfrentamos actualmente, pero a nuestro alrededor impera el individualismo y nuestro deseo de felicidad muchas veces se reduce a un ansia de bienestar. ¿Quién se tomará entonces la fatiga de cuidar? ¿Tendrá una ley que obligarnos a cuidar unos de otros o podemos encontrar en nuestro interior una fuente ética natural que nos lleve a ponernos al servicio de los demás?

Como se ve, el cuidado es un aspecto esencial de nuestra vida, individual y social. Si le prestamos atención, notamos que, aparte del aspecto curativo y regenerador, presenta una dimensión de custodia de lo bueno y de desarrollo de las personas. Por este motivo, es necesario evidenciar su valor más allá del ámbito sanitario y ponerlo a la altura de la profunda dimensión humana, capaz de fecundar todos los trabajos, además de ser en sí mismo una actividad altamente «productiva».

Reflexionar sobre la dimensión humana del cuidado y los valores que aporta, así como explorar qué competencias y habilidades son necesarias para realizar una profesión, un voluntariado o el cuidado y atención de familiares, son terrenos en los que nos adentraremos en las páginas siguientes.

El tema me parece relevante, pues solo una cultura donde el cuidado de cada ser humano se conciba como incondicional puede regalarnos a todos seguridad y esperanza.

Es momento de forjar líderes que conciban el cuidado de la familia humana y de su entorno natural como un propósito vital que dé sentido a la fatiga ineludible que todo cuidar conlleva; líderes que vivan como logro personal el poder proporcionar un bien a otros. Entonces, la sociedad se irá iluminando con una dimensión discreta y casi inadvertida que el cuidado deja como recompensa: la fiesta, el regusto maravilloso que permanece en el interior al hacer el bien debido.

En un marco social de corte prevalentemente economicista, puede ser que no estemos formando a personas capaces de amar, entendiendo por amar la capacidad de dar y recibir lo que no se puede comprar ni vender, sino solo regalar libre y recíprocamente:

el empeño gozoso y desinteresado por el bien del otro. La aportación única del hombre al mundo, que efectivamente lo transforma y que perdurará por siempre, es cada pequeño gesto de amor verdadero y libre.

Haciendo un poco de historia, el pensamiento occidental se ocupó en la época clásica de las cuestiones sobre el ser. La modernidad, en cambio, se centró en el «yo», en el sujeto. Las filosofías de la contemporaneidad se han dedicado principalmente a problemas técnicos, muchas veces abstractos, mostrándose incapaces de afrontar el misterio del sufrimiento o de salir de la lógica del dominio.

A inicios del tercer milenio, todo un filón del pensamiento filosófico contemporáneo ha abogado por la necesidad de redescubrir la primacía de la ética y de la acogida. Emerge, cada vez con mayor claridad, la importancia de explorar no un ser indeterminado, ni un sujeto omnicomprensivo, sino el océano de las relaciones con el otro, con el tú, con el prójimo. Levinas, con palabras expresivas, se ha preguntado si el guardián del ser sabrá convertirse también en el guardián de su hermano.

El cristianismo lleva veintiún siglos difundiendo un mensaje de amor mutuo gratuito, inventando iniciativas de solidaridad extrema y haciéndonos levantar los ojos y las manos hacia Dios, gran cuidador. En la encrucijada actual entre cuidado o descarte, su propuesta sobre lo que es y lo que está llamada a ser la persona humana tiene algo clave que aportar.

Este libro quiere dar voz a cuidadores y a aquellos que son cuidados, a quienes se han encontrado o se encuentran diariamente en la bifurcación entre cuidar o descartar, para entablar con ellos un diálogo que nos ayude a tomar postura sobre qué camino seguir en nuestra andadura diaria.

Y todo eso empezará por aprender a autocuidarnos.

CAPÍTULO 1

UN DESPERTAR AL MUNDO
DE LOS CUIDADOS

Móvil en mano y guiada por la aplicación Google Maps, llevaba unos cuantos minutos paseando la mirada por los números 200 de la *via dei Gracchi*, en Roma, mi ciudad. No podía creer que fuera una broma.

Me habían avisado de que la terapia que iba a seguir me dejaría sin cabellera en pocos meses, y me convenía comprar una peluca. Una buena amiga me había dado un sabio consejo: «Escógela ahora, antes de que todo comience, para que la compra suponga un momento distendido y hasta divertido».

Con tan buenas orientaciones, me dirigí a la dirección del negocio recomendado. Ya cerca de la meta, mis ojos cayeron sobre un escaparate repleto de productos pensados para festejar *Halloween*: disfraces de todo tipo y, sí, claro, pelucas incluidas. Podía escoger entre estilos tan diversos como el de la princesa Elsa de *Frozen* o el increíble Hulk.

Estaba a punto de marcar el número de mi *simpática* amiga, para decirle tres o cuatro cosas no muy agradables, cuando me llamó la atención un segundo escaparate: una vitrina pequeña pero bien adornada, con variada exposición de turbantes, pelucas y otros accesorios de ese género para diversas situaciones. A pesar de estar contiguas, esta vitrina no pertenecía al negocio anterior y por fin me aclaré con la puerta: la 262.

Me atendió una joven muy amable, que tras hacerse cargo de qué artículo quería y para qué lo necesitaba, dedicó todo el tiempo del mundo a contestar mis preguntas y me permitió hacer pruebas con todo tipo de *looks*. Al final, quedó cerrado el trato: elegí un modelo de peluca y quedamos en que volvería cuando «llegara el momento».

El momento se precipitó pocas semanas después. Viernes Santo de 2021. La Ciudad Eterna se había llenado de gente que venía a celebrar la Semana Santa o, al menos, a pasar unos días de vacaciones. Mi agenda también estaba repleta de actividades. Dos días antes de esa fecha empecé a notar que el peine se llevaba mechones de cabello. Con la ingenuidad de quien está acostumbrada a llevar las riendas de su vida, determiné casi de modo inconsciente que el proceso duraría todavía unas semanas, pero no. De eso nada. Por la mañana, era el suelo de la ducha; a mediodía, el lavabo; por la noche, la almohada… No había duda: mi pelo se moría.

Entré en pánico, porque no sabía calcular cuánto duraría esa pérdida progresiva, y Siria —la vendedora— no podía atenderme enseguida. En nuestro primer encuentro me había contado que estaba separada y compartía con su marido la custodia de los niños, así que los días en que los acogía en casa eran sagrados para ella y no acudía al negocio. Sin embargo, al otro lado del auricular notó mi angustia y me dio un remedio estratégico inmediato: «Fija tu pelo con laca. Te espero el viernes por la mañana».

El breve lapso de tiempo —apenas cuarenta y ocho horas— me ayudó a hacerme más a la idea de lo que iba a suceder. Así que el viernes establecido me presenté en su tienda, esta vez sin confusiones, y con ánimo decidido. Esto del ánimo más por inconsciencia que por valentía.

En cuanto crucé el umbral del local, en el que no había ningún otro cliente, Siria se acercó y mirándome a los ojos, que sobresalían por encima de la mascarilla (estaban vigentes aún las normas de protección higiénica impuestas por la pandemia), me preguntó:

—¿Cómo estás?

No me esperaba ese inicio. Me relajó totalmente. Le dije que venía decidida y a por todas; agradecida de que me atendiera. En nuestra primera cita se había ofrecido a raparme la cabeza y ahora me indicaba hacia dónde encaminarme: un pequeño espacio de salón de peluquería, al fondo del establecimiento. Instintivamente me senté ágil y despreocupada, de cara al espejo, sujetando la mascarilla con la mano, para liberar los elásticos de detrás de las orejas y facilitarle la operación. Siria me miró silenciosa y luego me preguntó suavemente:

—¿No quieres darte la vuelta?

Obedecí, sin entender totalmente por qué me lo sugería. Mientras me pasaba la rasuradora, aclaró que ese es un momento dramático y muchas personas lloran al verse sin pelo. Quería evitarme un mal trago.

Siria dedicó el tiempo que hizo falta a enseñarme a acomodar la peluca, la recortó a mi gusto, respondió a todas mis preguntas y a la hora del pago me informó de que, si certificaba mi enfermedad, esa factura podría servirme para descontar impuestos.

Al despedirnos nos hicimos una foto —la primera exclusiva, para mandarla a mi familia— y me pidió que volviera a contarle cómo iba, mientras me deseaba mucha suerte con el tratamiento.

Al cerrar la puerta del negocio, me pareció estar cerrando la tapa de un libro: un maravilloso compendio sobre lo que significa cuidar y hacerlo bien, desde la propia profesión.

Un interesante partido de tenis

Durante todo ese día sentí la sensación de algo nuevo en mi cabeza y no era la peluca —que también—, sino el eco de la pregunta de Siria: «¿Cómo estás?», que me remitía inmediatamente a aquella otra de Caín a Dios, según narra la Biblia: «¿Soy yo acaso el guardián de mi hermano?» (Génesis 4, 9). Estos y otros interrogantes inauguraron un partido de tenis en mi interior.

Servicio del jugador uno:

—¿Por qué me ha conmovido en lo más íntimo la actitud cuidadora y cuidadosa de Siria? ¿Es eso exigible a todos?

Respuesta del jugador dos:

—¿No sería también aceptable una postura más objetiva y neutral, correcta y profesional, pero sin implicarse en mi situación?

Toque de fondo del jugador uno:

—Pero actuar así, dando primacía a la persona, concediendo el tiempo necesario, previendo dolores y ayudando a aliviarlos, ¿no es lo que humaniza esta relación que podría ser puramente comercial y la extrae de la fría lógica del mercado?

Contraataque del jugador dos:

—¿No es una pérdida de recursos y energías dedicarse con una actitud como esa a cada cliente? Además de un planteamiento poco realista, parece una postura sobreprotectora y poco adecuada a la dignidad y autonomía de un adulto.

El partido siguió toda la tarde, y al día siguiente y al otro. Necesitaba llegar a una respuesta para un montón de preguntas: ¿somos, acaso, custodios de los demás? ¿Es esto una mera opción ética, que cada quien puede elegir, o hablamos de un rasgo antropológico que no es posible obviar sin detrimento de nuestra dignidad? ¿Por qué encuentro un eco en cada fibra de mi interior cuando alguien me cuida y por qué me llena de propósito cuidar a quien lo necesita? O, yendo más allá: ¿es posible que los cuidados que recibimos desde que somos concebidos a la vida constituyan el paradigma de nuestro estar y ser en el mundo como humanos y reconozcamos a otro como humano precisamente por esa capacidad de cuidar? ¿Es posible que nuestra marca personal como humanos consista en ser cuidadores? ¿Y si el *Homo sapiens* fuese un *Homo curans* (expresión de Agustín Domingo)? ¿Y si Dios, padre y cuidador de todos, hubiese creado hijos libres, llamados a cuidar de sí mismos, de sus hermanos los hombres, de los demás seres, del planeta y de su propia libertad?

Las páginas de autores variados como Victoria Camps, Luigina Mortari, Virginia Held, Alasdair MacIntyre, Hans Jonas, Agustín Domingo, Alfredo Marcos, Byung-Chul Han y otros que iré citando, me aclararon conceptos que me gustaría compartir con los lectores en este libro que escribo ahora. Finalmente, en la obra *Mundus,* de Higinio Marín, encontré la punta del hilo desde donde desenredar la madeja que se iba formando en mi pensamiento, al advertir que el cuidado es una dimensión esencial de lo humano por ser condición de posibilidad de la misma humanidad como especie: la esencia y la existencia del hombre —explica este autor— están comprometidas en el amparar. Como humanos, se nos gesta y se nos recibe con cuidado; también con cuidado se nos acompaña al morir y se nos recuerda después, una vez nos hemos ido.

Lo mismo sucede en todas las etapas de la vida: la aparición de un humano —ya sea en el mundo, en una familia, en un barrio, en un autobús, en una oficina o en un bar— interpela a cualquier otro humano al reconocimiento, al encuentro, al respeto, al interés, a la ayuda mutua. En definitiva, un nuevo ser llamado a la vida espera una respuesta existencial afirmativa de todo otro hombre, y a esa respuesta la llamamos responsabilidad: somos responsables de que la humanidad continúe existiendo.

Y esto no solo desde la necesidad, sino desde la libertad. Nuestra condición limitada y vulnerable, unida a nuestra apertura interior trascendente, nos constituye en seres racionales interdependientes, que crecen y se realizan en sí mismos mientras ayudan y asisten a sus semejantes. Nos necesitamos en las aflicciones, pero antes o simultáneamente nos necesitamos para el sustento y el florecimiento personal. Sin otros, no puedo amarme ni llegar a ser yo mismo en mi mejor versión. Y mientras permito que me cuiden, proporciono las condiciones de posibilidad para que el otro desarrolle actitudes y habilidades nuevas y determinantes en su humanidad.

Nacemos como seres relacionales: hijos de, hermanos de, nietos de… Es en el seno de esa relación donde aprendemos a estimarnos, a relacionarnos cuidadosamente con los demás y a cuidar la casa común: el hogar familiar, el barrio, el vecindario, la ciudad, el país, el planeta y el universo en general; en definitiva, todo el espacio físico donde un hombre pueda poner un pie, pues para que el hombre se instale y progrese necesitamos hacerle de ese lugar un *ubi* «habitable». El único modo de construir un mundo a la medida del hombre es hacer del mundo un hogar, y eso se logra por el hábito de cuidar.

Cuidar es un determinado modo de ser y de estar en el mundo que implica encuentro, apertura, comprensión y disposición benevolente ante la realidad. Parte de una actividad intelectual por la que hallamos algo en lo que descubrimos una bondad básica originaria: la del ser. Al ir conociendo los límites concretos que definen ese ser y le dan forma, reconocemos su fisonomía singular, su individualidad preciosa, sus necesidades y sus potencialidades. Todo esto nos lleva a la consideración, al reconocimiento y al amor. Antes, más allá y a través de los límites, el cuidado humano tiende a cultivar una realidad hasta que crezca y pueda valerse por sí misma. Cuidar tiene mucho que ver con ayudar a florecer, a dar el máximo, partiendo de la realidad, que siempre es imperfecta. Se propone ayudar a ser grande lo que aún es pequeño: por eso, cuidar bien, haciendo nuestro el bien del otro, es una clara expresión de magnanimidad.

Al hombre contemporáneo, fustigado por una pandemia reciente, amenazado por las consecuencias del cambio climático, sufridor de la ola de violencia global que devasta, se le han dado las condiciones oportunas para descubrir que la forma más esencial de su misión y señorío en el mundo se concreta en tomarlo a su cuidado. Y cada vez que la mirada limpia nos permite reconocer esos gestos cuidadores, nos conmovemos en nuestro interior. Por eso aplaudíamos a quienes nos cuidaban durante la pandemia; por eso los enfermos aplaudimos a todo el personal médico y hospitalario, a nuestros amigos y familiares; por eso hoy, en medio de tanta violencia, celebramos a quien va sembrando la paz.

La nueva amenaza de un conflicto nuclear nos ha hecho conscientes de que el poder humano se autodestruye si no lleva a la acción de cuidar. La supervivencia del mundo no depende solo de que sepamos dominar las fuerzas de la naturaleza, sino de que aprendamos a dominar nuestro propio dominio: de que nos cuidemos *a* nosotros mismos y *de* nosotros mismos.

Pero ¿estamos listos para esa gesta?

Parece que tendremos que emprender un viaje hacia el corazón humano, que nos lleve desde la experiencia de nuestra fragilidad hacia una responsabilidad cordial: una disposición arraigada en las mismas entrañas, que nos enseñe a cuidar de nosotros mismos para estar en condiciones de cuidar a nuestros seres queridos, a otras personas, al conjunto de la sociedad, la naturaleza y a las futuras generaciones.

EN UN MUNDO DOLIENTE

Cuidar no es cosa endeble y merengue. Apostar por acuñar una cultura del cuidado requiere reflexión, búsqueda de la verdad, estima, compromiso personal y coraje. ¿Quién podría si no afrontar la tarea de arremangarse en primera persona para aliviar a nuestro mundo doliente? Y sí, lo es. Basta un rápido *tour* por la geografía de los males: ochocientos quince millones de personas (el once por ciento de la población del mundo) sufren hambre, con consecuencias gravísimas en los niños: unos ciento cincuenta y cinco millones de niños menores de cinco años padecen un retraso en el crecimiento y cincuenta y dos millones de niños tienen un peso demasiado bajo para su estatura. Unos ochocientos cuarenta y cuatro millones de personas no tienen un servicio básico de suministro de agua potable y dos mil millones se abastecen de agua contaminada por heces. Se calcula que ochocientas cuarenta y dos mil personas mueren al año de diarrea debida a aguas contaminadas, a un saneamiento deficiente o a una mala higiene.

Repartidos por el globo terráqueo, actualmente hay al menos veinticinco conflictos armados de dimensiones variables, pero con consecuencias comunes: muertes y sufrimiento entre población inocente. Debido a enfrentamientos, persecuciones y violaciones de derechos cerramos el año 2021 con 65,6 millones de desplazados forzosos y 22,5 millones de refugiados. Cada minuto, veinte personas se ven obligadas a huir como consecuencia de un conflicto o de una persecución.

Las desigualdades crecen en el ámbito económico: en 2018, el uno por ciento de la población con mayores ingresos recibió el doble de ingresos que el cincuenta por ciento más pobre, mientras que la clase media se contrajo. El Banco Mundial nos muestra que, por sorprendente que parezca, más del 12,7 por ciento de la población mundial vive con menos de 1,9 dólares al día.

La Organización Mundial de la Salud calcula que trescientos millones de personas en el mundo sufren depresión. Esta es la principal causa de discapacidad mundial y, en los peores casos, desemboca en el suicidio. Por desgracia, ochocientas mil personas recurren anualmente a esta vía de escape: sesenta y seis mil seiscientas al mes; dos mil doscientas al día.

El cáncer es la principal causa de muerte en el mundo: en 2020 se atribuyeron a esta enfermedad casi diez millones de defunciones, es decir, una de cada seis de las que se registran.

No seguimos disparando cifras para no abrumar, pero sí conviene subrayar que la mayoría de estos males —a los que se añaden otros como la ruptura de las familias, el fácil acceso a la pornografía, etc.— tienen un impacto directo sobre nuestros niños y jóvenes. Esto, además de muertes, ha provocado un elevado aumento de enfermedades mentales a edad temprana, violencia infantil y suicidios juveniles.

Y hablando de suicidios, la drástica disminución de la natalidad en países occidentales, y en concreto en Italia o España, nos está abocando a un suicidio social: la tasa de fecundidad, que en 1970 era de 2,84 hijos por mujer, ha descendido en 2021 a 1,19, muy lejos del nivel que asegura el reemplazo generacional.

Si se mantuvieran las tendencias actuales, en 2037 habría 6,5 millones de hogares unipersonales en España, casi el treinta por ciento del total. Y algo parecido sucederá en otros países europeos. Es decir, la soledad, la precariedad y la sensación de desorientación y pérdida de valor seguirán reinando en nuestras naciones occidentales, con una proyección desoladora a medio plazo.

El aislamiento y la soledad nos están llevando a una sobrecarga de dolores en los que falta el efecto saludable de la mano del otro.

¿Necesitamos más motivos para querer aprender a cuidar?

FIRMANDO UN TRATADO DE PAZ

Querer cuidar no es saber cuidar. Se nos presenta una tarea previa: hacer las paces con nuestra fragilidad. La filosofía moderna nos ha deslumbrado con la utopía del hombre autónomo, independiente, autosuficiente y —por el desarrollo continuo de la técnica— todopoderoso. Su realización personal dependería de él solo, y el hecho de vivir en sociedad y de interactuar con otros hombres obedecería a una lógica mercantilista y utilitarista. Las promesas de felicidad las encontraríamos principalmente, si no totalmente, en el mercado. El vertiginoso desarrollo de la técnica —que culmina hoy con la explosión de la inteligencia artificial— ha venido a cerrar el círculo, eliminando en el llamado primer mundo la distancia entre necesidad y deseo, de modo que la nueva alianza entre estado y mercado trae como consecuencia que cualquier deseo puede convertirse en derecho, sin criba y sin responsabilidad.

Por su parte, la psicología positiva ha reforzado la idea de que somos los creadores individuales de nuestra plena felicidad y, como bien señalan Eva Illouz y Edgar Cabanas en su obra *Happycracia*, vivimos inmersos en una época marcada por una nueva utopía: el «felicismo», que nos llama a una lucha individual por ser felices a toda costa y en todo momento. Triunfar se convierte en una cuestión totalmente personal que se logra a base de esfuerzos, técnicas y aplicaciones tecnológicas. Así —concluyen estos autores—, se va instalando una concepción de sujeto radicalmente individualista, anestesiadamente hedonista y totalmente desconectado de la realidad social que le rodea.

Esta búsqueda de felicidad epidérmica y solitaria está pasando a ser un imperativo que, lejos de ayudar a mejorar la vida de la gente, va dejando un poso de mayor exigencia personal, continuo autocontrol y, al final, como dicen los autores, se convierte en una fábrica de sujetos frustrados. Para que esto se dé, existe una industria que mueve millones de dólares al año tratando de hacernos creer que la felicidad individual es una de las más altas aspiraciones humanas. Desde esta perspectiva mercantilizada, asuntos como riqueza o pobreza, felicidad o tristeza, éxito o fracaso son simplemente una mera cuestión de elección particular. No se tiene en cuenta qué batallas vitales has debido librar o de dónde provienes. La felicidad y el éxito son cuestión de *querer serlo*, de lo contrario el culpable eres solo tú.

Pero esto se da de bruces con la realidad del día a día, donde somos contrariados, contradichos, rechazados. O donde emergen situaciones de angustia cotidiana: ¿Qué pasa si no alcanzo a pagar la factura de la luz, porque se ha más que triplicado el precio por el conflicto ruso-ucraniano? ¿Cómo gestiono el duelo por el suicidio de un amigo querido? ¿Qué hago si a mi padre le diagnostican una enfermedad letal con un pronóstico de meses de vida? ¿Cómo afronto el dolor que produce tener de todo, pero no tener sentido de la vida?

Si no se nos enseña a convivir con el dolor, a aceptarlo como compañero de vida y a comprender que solo lo podemos aliviar acudiendo al auxilio de otros, colapsamos, morimos en vida. En *Mujeres brújula en un bosque de retos* abordamos el ejemplo extremo de los *hikikomori* en Japón: esos cientos de miles de jóvenes —en general, adolescentes— confinados en su habitación en un régimen de extremo aislamiento, incapaces de afrontar el mundo real. La sociedad, que los somete a una altísima presión de rendimiento y éxito personal, se les representa como altamente agresiva y amenazante, y no encuentran en sí mismos fuerza para dar el salto al mundo adulto. Mientras, el padre ha estado completamente ausente, la madre los ha sobreprotegido en extremo, haciéndoles intolerantes a la más mínima frustración. Al final, solo ven ante ellos un camino: enterrarse vivos en sus cuartos. No han aprendido el arte de ser cuidados por otros. Y, por supuesto, no han aprendido a encauzar el dolor hacia el bien.

A mi parecer, una de las partes más interesantes del ensayo *Happycracia* es la relación del dolor con la revolución. Reprimir sistemáticamente las emociones y los pensamientos negativos no solo contribuye a justificar situaciones sociales injustas o desajustadas, sino que nos hace conformistas y adaptables a cualquier forma perjudicial. En expresión de Byung-Chul Han, filósofo surcoreano afincado en Alemania, queremos una sociedad paliativa, en anestesia permanente; sin embargo, las reformas profundas necesitan procesos dolorosos. Hemos perdido el arte de padecer el dolor y hemos pactado con la cultura de la complacencia, aceptando un poder elegante, permisivo, tecnocrático, pero sin alma, sin valores, sin verdad y sin compromiso.

Abrirse a la vulnerabilidad, al dolor propio y ajeno, es el primer e imprescindible escalón para emprender cualquier revolución. Revolución arrasadora y destructiva si sacudimos con rabia el dolor. Revolución generativa y constructiva si nos abrimos a él con verdad y con amor: solo desde ahí se puede llegar a la revolución del cuidado de la que tan necesitado está nuestro mundo herido. Vivir es sufrir el dolor, el impacto con el otro. Nuestra felicidad es una felicidad *doliente*. Cuando el dolor fecunda el amor y viceversa, se genera la pasión que da lugar a nuevas realidades, nuevos valores. El dolor amoroso o el amor doliente ponen en jaque todas nuestras referencias de sentido y se hacen motor de cambio en busca del bien.

Gracias a Dios, ejemplos hay muchos. El 21 de septiembre de 2022, los chóferes de la compañía de taxis Veritas, de Venecia, emprendieron una cadena solidaria para ayudar a un colega en dificultad: Andrea Leoni acababa de perder a Chiara, su mujer, de cuarenta y siete años de edad, a causa de un tumor. Mientras duró la enfermedad, Andrea hizo todo lo posible por cuidar a su esposa, de modo que consumió los días de vacaciones que tenía a disposición. Sus colegas, con la aprobación y supervisión de la empresa, abrieron un canal de Telegram por el que hacerle llegar donativos, y en menos de un día consiguieron acumular para su compañero doscientas setenta horas de permiso y vacaciones, con el fin de que él pudiera ocuparse de sus hijos, dos adolescentes de trece y once años. Esas horas correspondían a unos treinta días de permiso, que le serían, además, retribuidos.

La pandemia que hemos vivido nos ha ofrecido la posibilidad de mirar a la negatividad a la cara y dominar el dolor. Necesitamos ahora un fuerte y lúcido pensamiento crítico, para analizar el mundo que nos ha quedado y acertar a plantear soluciones, no solo como individuos aislados, sino como sociedad.

EL ARTE DE CUIDAR

Tal como lo hemos ido describiendo, el cuidado es algo connatural para nosotros por nuestra estructura relacional y nuestra dimensión corporal, pero, como se concreta en el espacio y en el tiempo y afecta a cada relación, hemos de aprender el arte de cuidar.

En principio, todos recibimos de nuestros padres un cuidado incondicional, solícito, atento, descomunal. Sus desvelos continuos, las noches de insomnio, la paciencia para acompañarnos en los juegos o las respuestas a nuestras insistentes y desconcertantes preguntas, el interés con que nos curan si sobreviene la enfermedad, su empeño en el trabajo para conseguir medios que cubran nuestras necesidades básicas, todo ello va desvelando en nuestro interior un misterio que se hace convicción y que nos acompañará durante toda la vida: «Soy algo precioso», «soy algo insustituible», «soy un don».

En su obra *Animales racionales y dependientes*, Alasdair MacIntyre nos explica lúcidamente que la clase de cuidado necesario para hacer de nosotros lo que hemos llegado a ser —razonadores prácticos independientes— tuvo que ser, para tener eficacia, un cuidado sin condiciones. Haber experimentado ese tipo de amor enciende en cada uno la necesidad de una respuesta: la de cuidar de igual modo a quien nos crio, y la de mantener esa clase de cuidado como paradigma del que debemos o deberemos a los demás a lo largo de la vida.

Ver que eso mismo se hace con otros hermanos, o que también otros lo hacen con sus hijos; los maestros con sus alumnos, los médicos con sus pacientes… nos revela que no somos los únicos «dones»: también los demás son joyas valiosas que me incumbe custodiar. Más tarde aprendemos a tratar con parientes, con amigos, y así, poco a poco, se va extendiendo el aprendizaje sobre cómo tejer relaciones sanas y profundas por doquier. Me comprendo como un ser de grandes potencialidades que no puedo desarrollar por mí mismo al cien por cien; me descubro vulnerable y al mismo tiempo aportador de valor; interdependiente: objeto de cuidado y cuidador.

En honor a la verdad, esto no se da en muchos casos, pero me atrevo a decir que es el paradigma en el que confluye el deseo de todos: cuando entramos en relación con los demás, esperamos que se nos trate con *humanidad*, es decir, respetando nuestra dignidad, sin coaccionarnos, sin humillarnos, dejándonos espacio, haciéndonos lugar, dándonos voz. De un perro me puedo esperar un mordisco; de un hombre, en principio, no. Si me muerde un perro me atemorizo, me lamento y puedo hasta inflamarme de ira, pero no me *ofendo*. Si una persona usa conmigo violencia verbal o física, me siento cosificado, despreciado, herido y, además, puedo compadecerme de ella, porque veo que actúa de un modo denigrante, que no le corresponde.

Hans Jonas abordó la cuestión desde otro ángulo: la responsabilidad de los padres con respecto a sus hijos es el arquetipo clásico de toda responsabilidad. En cada niño que nace, la humanidad da comienzo de nuevo frente a la posibilidad de la muerte, por tanto, entra en juego la profunda responsabilidad por la continuidad del hombre.

Siguiendo a Agustín Domingo, podemos decir que el arte de cuidar comienza por aprender a mirar, por saber detectar las potencialidades de los demás, para aportar, estimular, ayudar; por descubrir las necesidades del otro y de uno mismo, para disponernos a aliviarlas, con diligencia, con solicitud, con buena vigilancia. Por otro lado, hay que aprender a escuchar: lograr establecer una comunicación en la que acepto lo que viene de fuera (recibo, escucho), pero también doy de mí (aporto, hablo). La comunicación, en este sentido, va más allá del mero intercambio de información para ser verdadera comunión, intercambio personal, un crecimiento mutuo.

DE NUEVO EN LA TIENDA

Para terminar con esta primera aproximación holística a la dimensión del cuidado y sus valores, volvamos a la tienda de accesorios para el peinado en la *via dei Gracchi*. Reflexionar sobre la forma de actuar de Siria nos puede revelar algunas características del buen cuidar.

Lo primero que se dio fue un verdadero encuentro. Siria se situó en qué tipo de cliente tenía delante; por qué y para qué necesitaba su asistencia. Captó que era un adulto que atravesaba por primera vez un nuevo mar en el mundo y ella estaba en condiciones de ayudarme a navegar con mayor confianza en mí misma.

Ofreció la ayuda que vio que necesitaba: no más. Cuando, después de la primera rapada, giré el taburete para enfrentarme a mi nueva imagen, sin paliativos, no lo impidió. Le pedí que me enseñara a ponerme y a quitarme la peluca, y así estuvimos, acostumbrándonos las dos a la extraña del espejo y adquiriendo un poco de destreza para poder desenvolverme después con autonomía.

Me llamó la atención que Siria no mirara el reloj ni una sola vez. Se entretuvo conmigo. Se ensimismó con mi causa. Me enseñó que cuidar requiere tiempo.

Al pasar su mano por mi cabeza, me recomendó que usara crema de áloe para proteger el cuero cabelludo. Aquí es donde su acto de cuidar se convirtió en un sanar, por prevención.

Las diversas indicaciones sobre la preservación y manutención del producto, la emisión exacta de la factura y el conocimiento de la legislación fiscal me hicieron ver que la mera amabilidad, sin competencia profesional, no constituye un verdadero cuidado, no es un cuidado cabal.

Su ponerse a disposición para cualquier necesidad ulterior significó la vigilancia y la apertura a proseguir un posible cuidado posterior.

En esa mañana de Viernes Santo del año 2021 empecé a ver más claro por qué autores como Agustín Domingo hablan de que la actividad de cuidar implica al menos cinco «C»: compasión, competencia, confidencia, confianza y conciencia. Pero aún me quedaba mucho que profundizar sobre cada una de estas cuestiones.

Para aprender a cuidar, hay que aprender a mirar. La mirada femenina hacia el mundo ha despertado voces como las de Carol Gilligan, Nel Noddings o Virginia Held, que aspiran a una ética del cuidado universal. Parafraseando a Alicia Puleo, podemos decir que no se trata de reivindicar el cuidado como actitud típicamente femenina, sino de universalizar una mirada cuidadosa, como la única capaz de transformar eficazmente nuestra manera humana de estar en el mundo.

Y a mí se me empezaron a abrir los ojos de un modo nuevo el Viernes Santo del año 2021.

CAPÍTULO 2
LAS TRES EFES DEL CUIDADO

Uno de mis placeres urbanos favoritos es conducir al atardecer desde la gran *via Cristoforo Colombo* hasta el *Circo Massimo*. Me encanta el último tramo, ya cercano a las termas de Caracalla, cuando, entre pinos mediterráneos, empieza a filtrarse el rosa del *tramonto*, el atardecer romano. Tras la última curva, aparece imponente la maravilla: en el marco del Palatino y el *Circo Massimo*, circuito para las carreras de carros de la antigua Roma, dos cúpulas recortadas: la de la sinagoga y la de la basílica de San Pedro. Un semáforo, que me espera casi siempre en rojo, me permite recrearme en la contemplación. A un solo golpe de vista, un cúmulo de épocas y de culturas: la clásica, la judía y la cristiana; me recuerdan que yo, espectadora del siglo XXI, estoy aquí gracias a otros, con unas raíces profundas y definidas, con valores cultivados a lo largo de cientos de años, que me toca recoger personalmente, custodiar y desarrollar, de nuevo con creatividad, en mí y entre los hombres de mi generación.

Me recuerda también la fuerza de la vida humana, abriéndose paso entre guerras, calamidades naturales, enfermedades, barbaries y desiertos espirituales, floreciendo tozuda, una y otra vez.

Suelo hacer este recorrido con la música clásica a alto volumen, y el espectáculo que encuentro nunca me parece igual. Es distinto el color del cielo, la sombra que la luz del sol proyecta sobre las construcciones, diferente la melodía que escojo para cada momento… Siempre me provoca un sobresalto de alegría el final de esa última curva. Un sobresalto de alegría y de pacífica pasión por la vida.

Pero un sábado de diciembre, cambié la «banda sonora». Antes de tomar la *Cristoforo Colombo*, desde la *piazza dei Navigatori*, busqué una canción: *Fiori di Chernobyl.* Me la acababa de enseñar Ele, joven amiga; una campeona que había pasado cinco de sus dieciocho años luchando contra la anorexia nerviosa. En encuentros anteriores, con silencios o con palabras, desde sus ojos sin luz me había hablado de sus miedos, sus angustias, su desesperación por encontrarse inmersa en un túnel oscuro. Ese sábado, sin embargo, mientras celebrábamos su mayoría de edad, nos reíamos al ver un vídeo con imágenes significativas de su aún corta biografía: los primeros baños en el mar, la primera degustación de la pasta, el gozo por la llegada de un hermano, las amigas, las competiciones de gimnasia, los viajes… Me sorprendió ver hiladas ahí, junto a las demás, integrando las distintas fases de su vida, las fotos de los años oscuros: una extrema delgadez, el rostro desaparecido, habitualmente vuelto hacia el móvil en busca del mejor selfi. Y así una foto, y otra y otra… Cinco años son muchos años. De reojo la vi a ella contemplar todas esas imágenes con un dolor sereno. Estábamos en silencio. Tal vez por eso se me quedaron más grabados los versos de la canción que sonaba de fondo: hablaban de cómo el dolor puede ser el humus donde germinan cosas grandes, cómo de las pesadillas pueden surgir sueños mejores, de cómo hasta en Chernóbil han vuelto a crecer las flores…

El vídeo siguió su curso: de nuevo imágenes de alegría, viajes de estudio, metas logradas, vida, sol.

Acabamos tomando, felices, una buena merienda, preparada por dos cocineras excelsas: su abuela y su madre. ¡Qué alegría ver a Ele comer de todo, alegre y despreocupada, liberada de la esclavitud mental de contabilizar con angustia las calorías!

Llegó el turno de abrir los regalos. Le había preparado una bolsa con algunos detalles de valor más afectivo que económico. Entre otros, una libreta que le sirviera de bitácora para continuar su viaje por la vida y un pequeño álbum de fotos para que pudiera inmortalizar momentos memorables. En la página inicial coloqué dos retratos hechos de cuatro trazos a plumilla por una buena amiga: uno suyo, para que siempre tuviera presente lo guapa que era a los ojos de los demás; otro mío, que hasta ese día me había servido para recordarme cómo podría volver a ser mi aspecto pasados los meses de consumo de quimio y cortisona. Ahora se lo cedía, como pacto de esperanza entre las dos: volveríamos a reverdecer.

Tras el abrazo de despedida, largo y silencioso, la miré de nuevo despacio y la vi así, como otra flor crecida y brillante, sobre un terreno devastado; como una flor fuerte de Chernóbil.

Antes de arrancar el coche, no pude resistirme a buscar de nuevo la canción y a emprender el camino de vuelta a casa repasando la letra: «De las pesadillas nacen los sueños mejores; incluso en Chernóbil ahora crecen las flores». No paraba de pensar en qué tipo de cuidados necesitamos para hacer florecer la vida humana en cada una de sus etapas, en una era de amenazas tan demoledoras como la nuclear.

Ayudar a florecer: el cuidado como cultivo

A menudo asociamos cuidar con curar, reparar, restaurar fracturas, amparar y sostener fragilidades. Fruto de lecturas y reflexiones he ido viendo más claro que cuidar es también nutrir, vestir, proteger, prevenir males, enseñar y, sobre todo, ayudar a desarrollar el gran potencial que cada uno de nosotros encierra. Este es el concepto amplio de cuidado que manejaremos en este libro y me parece importante clarificarlo ya en estos capítulos iniciales, que servirán de pórtico a lo que vendrá después.

Los humanos del siglo XXI buscamos con ahínco «nuestra mejor versión» y en eso nos parecemos mucho a los antiguos griegos, que, en el templo de Apolo, en Delfos, dejaron inciso este lema: «Conócete a ti mismo» y en su literatura aclamaron: «Llega a ser quién eres» (Píndaro, *Pítica* II, 72).

Desde hace tres décadas o más, autores como Carol Ryff se están preguntando si el bien-estar que tanto ansiamos, no es más bien un bien-ser: en qué medida aspirar a los mejores bienes y hacer posible que los alcancemos es la mejor empresa que podemos acometer. Apoyándose en los consejos del sabio Aristóteles a su hijo Nicómaco, y en concreto, en su enseñanza sobre la eudaimonía (el más alto de los bienes humanos), iniciaron estudios sobre lo que se ha venido llamando el florecimiento humano.

El gran filósofo griego advertía a su hijo que, en el fondo, lo que todos buscamos es la felicidad. Algunos la cifran exclusiva o, al menos principalmente, en el placer, la riqueza, el honor o la satisfacción de nuestros apetitos. Si el sabio hubiera vivido en nuestros días, quizá se hubiera expresado más o menos así:

—Para que me entiendas, Nico, los chicos de tu edad podéis pensar que pasar la tarde tumbados en un sofá o jugando a la PlayStation es lo más de lo más, pero resulta que ya hay muchos estudios que demuestran que el mal uso lúdico de la tecnología puede llegar a crear dependencias muy serias. Y lo mismo sucede con otras cosas que al principio producen placer, pero luego acaban esclavizando o, lo que es peor, arruinando la salud: el alcohol, el tabaco, las drogas. Y sobre la riqueza, ¿qué decirte? Si por riqueza entendemos dinero, desengáñate. Tener un mínimo es necesario para no vivir angustiados, pero ¿con cuánto dinero podrías comprar esas cosas que te gustan tanto: un buen amigo, conversaciones interesantes o —modestia aparte— un buen padre? En cuanto al honor y la fama, verdaderamente son bienes humanos, pero no los únicos ni definitivos, porque en parte dependen de la reacción de la masa: ¿has visto cuántas *celebrities* aparecen chispeantes en los actos públicos y en sus redes sociales, pero luego revelan que están tristes y desesperadas en su vida privada? Te voy a contar el descubrimiento que he hecho después de largos años de observación y reflexión: lo que nos hace más felices es la búsqueda virtuosa de la excelencia en cada una de nuestras acciones. Es el propósito de desarrollar todo el bien que reside dentro de nosotros como potencialidad.

Imagino que Nicómaco se quedaría con la boca abierta, pensando si esa meta que su padre le contaba no nos convertiría a todos en engreídos gigantes solitarios.

Gracias a los estudios de MacIntyre, autor que ya hemos citado, podemos completar la visión de Aristóteles sobre el hombre y definirnos como animales racionales interdependientes. Se nos propone conducir nuestra vida aprendiendo a manejar un juego de pedales entre autonomía y vulnerabilidad, dos notas integrantes de nuestra condición, que deben ser reconocidas y potenciadas o mitigadas, según los casos, de modo que no eliminen la humanidad, sino que la hagan fecunda, generativa.

El mundo moderno estuvo poseído por la idea de autonomía, frecuentemente exagerada hasta la autarquía, el individualismo y la esquizofrenia. La autonomía es un valor deseable, pero puede convertirse en un riesgo si se erige en un baremo absoluto y no se ve compensada por las necesarias conexiones y vínculos de los que dependemos. No todo en nuestra vida está orientado simplemente al momento de máxima autonomía. Desde luego, llegar a ella es un fin legítimo, pero incompleto, si la buscamos por sí misma. La autonomía cobra su auténtico sentido cuando sabemos a quién debe servir; es un medio para un fin posterior: el cuidado incondicional de uno mismo y de las demás personas. Queremos alcanzarla para aportar al máximo con la riqueza de nuestra individualidad, pero también —simultáneamente— para hacer crecer a otros y aliviar sus cargas, para poner todas nuestras fuerzas al servicio de la comunidad, empezando por los que más queremos. Así, cuando —por poner un ejemplo— alguien está junto al lecho de su padre moribundo con la máxima consciencia de que está donde debe y no solo porque debe, la independencia y la autonomía cobran un sentido total.

Por otra parte, la vulnerabilidad y la dependencia son notas integrantes de lo humano, no defectos o disminuciones. No por ser más vulnerable se es menos hombre. Todas las personas, tengan más o menos límites, poseen igual dignidad.

Frecuentemente, la respuesta de la sociedad hacia la vulnerabilidad ha sido la resignación ante los límites o la deshumanización por superación, tratando de eliminar al frágil (eugenesia) o de anularlo al superarlo con quimeras tecnológicas: es el sueño del transhumanismo y del posthumanismo.

Nos toca ensayar algo más equilibrado, que integre todos los aspectos del jugo de lo humano.

EL FLORECIMIENTO REQUIERE UN HUMUS

Los humanos somos seres interdependientes, necesitados de los demás y necesarios para los demás, tanto en lo que se refiere al sustento como para poder florecer. Florecemos cuando mejoramos el ser, cuando hacemos bien cosas buenas, cuando tenemos lo necesario para subsistir y prodigarnos con otros. Parece una ruta sencilla, y, sin embargo, es bastante difícil en la práctica acertar a mantener ese orden (ser-hacer-tener) o a procurar los bienes en esos tres ámbitos, sin errar en cuanto al foco de atención en uno u otro, la medida justa de esfuerzos que invertimos en buscarlos, etc.

No podemos florecer sin la capacidad de conversar con otros, sin intercambiar experiencias sobre cómo alcanzar el bien y la felicidad en lo concreto, si no nos educamos como razonadores prácticos. Nos marchitamos si el entorno no nos permite esas actividades, si el estilo de vida nos arrastra en contra de la reflexión y el diálogo, si nuestras relaciones son nulas, escasas, pobres o tóxicas; si nos movemos en un ambiente contaminado. Nos secamos cuando vivimos sin sentido, cuando desconocemos quiénes somos en lo más profundo, por qué hacemos lo que hacemos o por qué elegimos lo que elegimos.

Pero ¿qué suelo necesitamos para florecer? ¿Cuáles serían las dimensiones sobre las que edificar nuestra mejor versión, las de nuestro buen vivir una vida buena? Podríamos pensar en seis, que se entrelazan y se nutren mutuamente. Las enunciamos ahora someramente, y procuraremos ir profundizando en cada una a lo largo del libro:

1. AUTONOMÍA. Presupone cuidados que nos hagan capaces de autodeterminación e independencia en muchos sectores de la vida. Nos permite el autocuidado, ocuparnos de los demás y la

resistencia a presiones sociales para pensar o actuar de un modo prefijado. Nos lleva a establecer lúcidamente criterios interiores de comportamiento y a aprender a evaluarlos de forma igualmente lúcida. Es importante enseñar a reflexionar desde pequeños: no cansarse de las preguntas de los niños; no conformarse con afirmaciones automáticas, sin indagar en sus causas. Hay que ayudarles a independizarse de sus propios deseos inmediatos, para que entren en juego otras valoraciones, como el bien de los hermanos, los planes de toda la familia, objetivos a más largo plazo… Y también hay que ayudar a soltarse de la excesiva influencia de los adultos. Todavía tengo presentes dos sencillas preguntas que me resultaron muy útiles en mi infancia. Una vez le comenté a una prima unos años mayor que yo algo negativo de una niña a la que conocía poco. Pensé que mi prima me iba a seguir el hilo, quizá poniéndola verde, pero no. Me miró con calma y un cierto desapego, mientras me preguntaba: «¿Eres una de esas personas que juzga a otras sin conocerlas bien?». Me quedé callada, pero muy pensativa. En mi interior busqué los motivos de mi crítica y no los encontré consistentes. Así que tuve que admitir: «Es verdad; no quiero ser así». En otra ocasión, comenté con gran énfasis a una amiga lo mucho, lo muchísimo, lo increíblemente mucho que me había gustado una película. Su pregunta de oro fue: «¿Por qué?». A partir de esos primeros retos a mis pobres razonamientos, pude empezar a cultivar más reflexión e intimidad, a darme razón de las cosas y a cuestionarme esas razones. Pero, sobre todo —y esta es una lección que sigue en curso—, a abrirme a los cuestionamientos que otros me hacen para distinguir bien cuáles son los objetos y motivos reales de mis elecciones.

Muchos de estos aprendizajes se logran mediante colisiones, así que es bueno que estas se den, pero hay que lograr que no sean destructoras ni para uno mismo ni para los demás. Cuando en esos procesos se producen imperfecciones, podemos quedar cautivos de dependencias, afectos o conflictos. Por el contrario, si los procesos se hacen bien, van acompañados de muestras de entrega incondicional por parte de los adultos y se realizan con un reconocimiento adecuado, logran dar la seguridad necesaria para afrontar la vida y hacen al niño educable no solo por sus padres o allegados, sino por cualquier otro educador.

2. INTERDEPENDENCIA. Es el ámbito de los vínculos fuertes y sanos. Presupone una madurez que establece relaciones confiadas, cálidas y satisfactorias con otras personas, que nos proporcionan una gran seguridad personal. El reconocimiento de la dependencia es la clave de nuestra sana independencia. Además, ser conscientes de este rasgo nos capacita para preocuparnos y comprometernos por el bienestar de los demás. Es el área desde la que desarrollamos la empatía, multiplicamos los afectos y cultivamos una intimidad que aprendemos a compartir y a incrementar. Reconocernos independientes es la condición *sine qua non* para establecer vínculos consistentes y duraderos, que son el único cauce posible para el amor excelso.

3. ACEPTACIÓN PERSONAL. Autoconocernos como autónomos e interdependientes y aprender a mirar nuestras vulnerabilidades y nuestras potencialidades cara a cara es requisito indispensable para florecer como individuos únicos e irrepetibles. Muy a menudo insistimos en la necesidad de aceptar las sombras, pero también es un arte enseñar a conocer y aceptar nuestras fortalezas; a entender los límites (lo que nos delimita y da forma) como algo que configura nuestra identidad. Necesito un rostro para ser reconocido por otros. Descubrir más a fondo la dimensión corporal de nuestra existencia, amar y aceptar el propio cuerpo, sus necesarias deficiencias o imperfecciones, sus modulaciones en las diferentes etapas de la vida, nos libera de comparaciones angustiosas, nos da la clave hermenéutica para emociones y sentimientos, nos permite expresar y compartir el infinito que llevamos dentro. Aceptarnos a fondo es un primer paso para amarnos y respetarnos. Solo desde ahí podremos amar y respetar a los demás. Si no entendemos el valor de la individualidad y especificidad de cada ser humano, la indiferencia, el desprecio o el *bullying* son conductas servidas.

4. CRECIMIENTO PERSONAL. No solo nuestro cuerpo, sino también la parte espiritual necesita crecer y expandirse. Por eso es importante un sentimiento de continuo desarrollo, vivir abiertos a nuevas experiencias, aprender a reflexionar sobre lo vivido y

transformar esas experiencias en aprendizajes, forjar virtudes inte-lectuales y morales y comprobar que hemos ido mejorando nues-tro comportamiento a lo largo de los años, que nos hemos hecho hábiles y capaces para nuevas buenas acciones. Mirarse a sí mismo así requiere valentía y honestidad. Quien quiera protegerse del dolor que produce reconocer límites y errores, ante sí mismo o ante los demás, vivirá en la fantasía de un autoengaño y se encon-trará muy inseguro en la vida real. La familia, los amigos y la deli-beración en común son grandes ayudas protectoras contra el nar-cisismo y el ensimismamiento. Algunas encuestas han mostrado que las relaciones positivas y la buena preocupación por guiar a las generaciones futuras son elementos que hacen que se manten-ga vivo el afán de crecimiento personal hasta edades avanzadas.

5. VIVIR CON SENTIDO. Vivimos inmersos en el tiempo y eso con-lleva una dimensión narrativa. No solo tenemos una historia, sino que somos una biografía escrita a base de elecciones libres, cons-cientes y responsables, que dotan de sentido a lo ya pasado; sueñan con un escenario futuro, que proporciona dirección a nuestras intenciones, y dan cuenta del presente. Si simplemente hacemos el muerto en el mar de la vida, dejándonos llevar por circunstancias externas, acabamos hundiéndonos de verdad. Si no reflexionamos y sacamos experiencia de las consecuencias de nuestras acciones, vivimos como fantasiosos irrealistas, engañados con respecto a nuestras posibilidades. Si no somos capaces de encontrar, junto con los demás, bienes comunes más grandes que nuestros propios deseos inmediatos, nos convertimos en viandantes miopes y limi-tados. La fe religiosa, los grandes ideales humanos y, en definitiva, los grandes amores abren horizontes de sentido coherente a toda nuestra existencia y nos marcan una dirección que favorece la inte-gración de las diferentes dimensiones de la vida.

6. SABER CREAR AMBIENTES SEGUROS. El paso a la adultez se da cuando somos capaces de salir del ambiente seguro de la casa a otros ambientes sociales que inicialmente se nos presentan como hostiles: el vecindario, la escuela, los centros de preparación pro-fesional o académica, los ambientes de trabajo… Nos encontra-

mos bien (bien-estamos) cuando vamos comprobando que logramos hacernos al lugar, a las compañías; cuando empezamos a percibir oportunidades de aprendizaje o crecimiento personal y las aprovechamos; cuando sabemos encontrar, elegir o crear ambientes que nos resultan seguros. Vivir bien tiene mucho —muchísimo— que ver con vivir bien acompañados.

Estas seis dimensiones se complementan y se potencian unas a otras. Por ejemplo, ayudar a otros afianza el sentido de la vida y facilita la aceptación personal o la autoestima. Lograr crear un ambiente seguro es condición necesaria para el desarrollo personal. Comprobar que vamos creciendo en integridad dota la vida de sentido, pues nos proporciona un legado que dejar. Y así podríamos seguir describiendo cómo una y otra faceta se retroalimentan.

En conjunto, todas ellas nos hacen ver que no es suficiente un planteamiento materialista y hedonista del bienestar: al vivir, no solo buscamos placer o posesión de bienes tangibles. En todo caso, no es eso lo que nos proporciona por sí solo una vida feliz. Tener lo material como único tesoro nos lleva a movernos por motivos extrínsecos, que siempre dejan un regusto a vacío. Son los valores menos materiales los que generan motivos intrínsecos y nos conducen hacia una vida armoniosa. Llama la atención que en recientes informes de la Organización Mundial de la Salud se subraye la importancia del cultivo de las artes y de las humanidades, como el estudio de la filosofía y la historia, porque, aparte de que inciden en las seis áreas ya mencionadas, mejorando así la calidad de nuestra vida, nos dan recursos para que nos convirtamos en ciudadanos competentes y preparados, verdaderos protagonistas de la construcción de nuestro mundo. Muchas veces las artes se hacen eco del sufrimiento extendido en nuestra era, nos conciencian de los problemas que nos rodean y fomentan disposiciones de cuidado y compasión. Así, pueden convertirse en vehículos para la justicia social. ¿Quién no ha cambiado su mirada hacia la inmigración y el drama de los refugiados al ver documentales como *Marea humana* (Ai Weiwei, 2017), películas como *Las nadadoras* (Sally El Hosaini, 2022), o al leer libros como *En el mar hay cocodrilos* (Fabio Geda, 2011)?

Pensar en construir una sociedad de los cuidados debería llevarnos a crear dinámicas que permitan que cada persona se cultive en todas estas dimensiones, facilite el crecimiento de otros, mejore el entorno social y ambiental y preserve el planeta para que se mantenga habitable para las generaciones futuras.

Pero esto comienza por uno mismo: superar el egocentrismo y autoentenderse como cuidador, como *Homo curans*. Todos hemos sido cuidados por otros. Nuestro ombligo evidencia que hemos llegado a la vida por intervención ajena: alguien nos concibió, nos acogió, nos nutrió y nos cuidó. Hemos sido objeto del regalo de la vida. Apenas crecemos, se nos prepara para cuidar a otros. Necesitamos adquirir autonomía suficiente para cuidarnos a nosotros mismos, pero, sobre todo, para cuidar y hacer florecer a los demás, devolviendo poco a poco los cuidados recibidos.

El florecimiento solo puede darse en sociedad. Los individuos logran su propio bien en la medida en que los demás hacen suyo ese bien, ayudándole para que a su vez él se convierta en la clase de humano que hace del bien de los demás el suyo propio, no de un modo interesado y calculador, sino de forma altruista e incondicional.

Una comunidad florece en la medida en que la sociedad aporta razones para actuar buscando simultáneamente el bien común y el de cada uno de los individuos.

Y como condición de posibilidad, es necesario comprometerse con el cuidado de la vida: en eso nos va la vida misma.

Pero, ¡ojo!, ¡cuidado con los cuidados!

LA FATIGA DEL CUIDADO

Así se quejaba la protagonista de la película *La boda de Rosa* (2020): una mujer que en plena madurez se da cuenta de que ha gastado sus cuarenta y cinco años anteponiendo las necesidades de los demás (su hija, sus hermanos, su padre...) a las suyas, y decide, por fin, tomar las riendas y construir una nueva vida. El dolor de la fatiga y el estrés que le ha provocado el cuidado de unos y otros, sin discriminación, sin medida, la llevan a emprender esa revolución en sí misma y en su entorno. Y de revolución se trata, porque para cambiar las cosas no basta su voluntad propia, sino un buen frenazo en el frenético activismo de todos, una escucha abierta y sincera de los dolores y sueños de cada uno y un giro en las demandas de cuidado que todos a su alrededor le proclaman. Tan harta está de todo, que le comenta a su hija que hay veces en que no queda más remedio que apretar el botón nuclear y empezar de nuevo. La chica, atónita ante las afirmaciones de su madre, sin entender a fondo ni el problema ni la solución, no puede por más que preguntarle: «¿Pero de qué botón nuclear me estás hablando, mamá?».

Rosa es una de los 7,7 millones de mujeres europeas que han dejado su empleo o no han desarrollado otros planes profesionales por constituirse en responsables de los cuidados familiares, a veces desmedidos o dados por descontado. En algunos casos, esa renuncia ha sido libre y premeditada, en otros, no. Millones de hombres y mujeres en el mundo se encuentran en la encrucijada de tener que hacer compatible el cuidado deseado de sus seres queridos con un trabajo absorbente del que no pueden prescindir o que no pueden recortar, principalmente por motivos económicos. 600 millones de mujeres y 41 millones de hombres en edad laboral se ocupan de atender a sus familiares sin remuneración y, en muchos casos, debiendo asumir además el pago a cuidadores especializados.

Hay muchos fatigados por un cuidado como el de Rosa, desmedido e indiscriminado, sin motivación. Y otros, felices en su fatiga, como Juan.

Juan es un joven argentino de treinta y dos años, que un 14 de febrero me envió un mensaje por Instagram:

> Lo que hablas del cuidado me ha tocado vivirlo especialmente. Soy hijo único y cuando mis padres se pusieron mayores y enfermos, con enfermedades de varios años, progresivas e irreversibles, me tocó a mí hacerme cargo de que no les faltara nada y que, al mismo tiempo, pudieran sentirme muy próximo. Reacondicioné mi casa y me vine yo a estar con ellos, ante esa situación tan especial.

Dándoles besos en la frente, en las mejillas, tomándoles la mano, hablándoles con ternura, estimulándolos con música, pagando muy bien a una cuidadora que vino a trabajar con nosotros, mostrándome muy entero en todo momento delante de ellos. Me llevaba mi plato a la habitación a la hora de cenar para que más allá de las dificultades pudiésemos seguir comiendo todos juntos. El año pasado se fueron los dos al cielo. Primero, mamá; seis meses después, papá. Me gusta muchísimo el mensaje del papa Francisco. Hay una secuencia SER, HACER, TENER. Yo tenía clarísimo que, aunque mis padres ya no tenían salud ni tampoco podían hacer nada, tumbados en la cama, en fragilidad, seguían SIENDO, siendo unos hijos de Dios amados con locura por su Padre. Esta convicción me dio mucha fuerza para afrontar la situación.

Me dejó muy pensativa el mensaje. Me agradó especialmente que el remitente fuera alguien con tal sensibilidad, así que, cuando me decidí a escribir este nuevo libro, me acordé de él y le pregunté si me podría contar con más detalle su experiencia: ¿por dónde empieza alguien que nunca ha cuidado a mayores y enfermos a prepararse para esa situación? ¿Cómo organizarse para cuidar simultáneamente a dos padres, siendo hijo único en edad laboral? Su respuesta no tuvo desperdicio:

> Todo sucedió en el año 2021. En plena pandemia y cuarentena obligatoria. Mamá padecía EPOC (enfermedad pulmonar obstructiva crónica) y llegó a ser oxígeno-dependiente. Falleció sedada en el hospital tras dos días de agonía. Papá falleció a la hora de la cena. Estando yo presente cuando expiró en casa. De repente, se había ido. Mi padre padecía una enfermedad neurodegenerativa, una demencia.

Yo insistí en preguntarle sobre los cambios radicales que tuvo que hacer en su vida y también tenía mucho interés en saber por dónde había empezado a practicar los cuidados. Su respuesta fue muy esclarecedora:

> Cuando uno afronta un reto determinado en la vida para el que no estaba preparado y carece de experiencia previa, conviene estu-

diar dicho asunto y saberse asesorar por otros que ya han acumulado un cierto *know-how* o *expertise*. En ese sentido, consulté detenidamente el sitio web y de Instagram de la gente del Hospice Buen Samaritano, un centro de cuidados paliativos ubicado en Pilar, provincia de Buenos Aires, destinado a enfermos terminales de cáncer con bajos recursos. Pude intercambiar algún mail con algún que otro voluntario. Me iluminó mucho la valiosa información que me aportaron, que procuré poner en práctica con mis propios padres en el curso de unos años tan ricos como desafiantes. Además, conté con una cuidadora en mi casa. No estaba permanentemente. Venía cuatro veces al día para labores de higiene y para preparar las comidas de mi padre. Fuimos muy cuidadosos de controlar los remedios, las dosis; prevenir cuándo empezaban a quedar pocos comprimidos de alguna medicina para obtener una receta antes de que se acabara la medicación. La verdad es que me benefició que todo sucediera en plena pandemia, la virtualidad. Muchos trámites que había que realizar en lo referido a temas de salud se agilizaron. Se pudieron resolver muchas cuestiones a través de una computadora sin necesidad de ir personalmente a una oficina ni tener que lidiar con mayores exigencias burocráticas, papeles, etc.

Los padres de Juan contaban con algunos ingresos fijos que permitieron afrontar los gastos que conllevaba su cuidado. Eso supuso para él un alivio, pero no pudo evitar momentos muy dolorosos.

Las enfermedades de mis padres se prolongaron en el tiempo, durante varios años en que fueron menguando sus capacidades. Fueron perdiendo poco a poco su autonomía y su fuerza. Perdieron muchas de sus competencias y debieron asumir nuevos roles. Yo hice un duelo largo, que comenzó mucho antes de su fallecimiento. Para mí fue un momento de mucho gozo, un verdadero privilegio acompañarlos hasta el final, pero, por momentos, el dolor resultó enorme. Cuando mamá se deterioró más gravemente y estaba ya próxima su partida, pasé semanas llorando todas las noches ese desgarro. Falleció sedada en el hospital, tras dos días de agonía. Me quedé con mi padre. Su vida pendió de un hilo seis meses más, hasta que expiró, en casa y a mi lado.

Durante esos años fue decisivo contar con amigos y familiares cercanos que me sostuvieron psíquica y moralmente. Más de una vez me tocó gritar: «¡Ya no puedo más! Ahora soy yo el que necesita sentir un poco el mimo de Dios en mi vida». Saber pecir ayuda con humildad me evitó caer en activismos infecundos o en que la situación me desbordara.

Le pedí que me hiciera un resumen de todo ese esfuerzo:

> Una idea clara: yo no acompañé a mis padres a morir, sino a vivir hasta el final. Quizá no pude aportar días a sus vidas, pero sí vida a sus días. Y yo mismo me capacité para servir. Haber estado en especial cercanía con el propio dolor y el de personas tan próximas me hizo capaz de transitar por la compasión: ese terreno donde el sufrimiento y el amor se abrazan.

Y es que sí, el cuidado de los que más queremos puede convertirse en el motor más gratificante de nuestra vida, como en el caso de Juan, pero la falta de condiciones y ayudas para ejercerlo, por una parte, o las patologías en el ejercicio del cuidado por otra, como le ocurría a Rosa, pueden conducir a una ruptura personal, a veces irreparable. Hay que aprender a cuidar sin morir en el intento.

Cuidar puede llegar a ser agotador. Requiere grandes energías cognitivas, emotivas y, en muchos casos, físicas y organizativas. Por eso es necesario ofrecer ese servicio de tal modo que pase de ser un cuidado angustiado a un cuidado tierno, equilibrado y eficaz. Al presentar la nueva Estrategia Europea para los Cuidados (7 de septiembre de 2022) —de la que hablaremos más adelante—, la vicepresidenta de la Comisión Europea para Democracia y Demografía, Dubravka Šuica, declaró que los europeos hoy viven más tiempo, pero ese hecho positivo da lugar a una mayor demanda de cuidados de larga duración accesibles, asequibles y de calidad. Los cuidadores desempeñan un papel esencial en nuestra sociedad. Ha llegado el momento de cuidar de los cuidadores.

Ha llegado el momento, podemos decir para empezar, de que todos nos sepamos cuidadores y de que los que se dedican a cuidar a otros —de modo profesional o informal— asuman como prioridad aprender a cuidar de sí mismos. De otra forma, se arriesgan muy fácilmente a sufrir el extendido «síndrome del cuidador»: un agotamiento tanto físico como mental, con un cuadro parecido al del estrés laboral o *burnout*. Los especialistas explican que, en innumerables ocasiones, la decisión de convertirse en cuidador de una persona altamente dependiente sobreviene impuesta por las circunstancias. Por tanto, estas personas afrontan, de forma repentina, una situación nueva para la que no están preparadas y que consume la mayor parte de su tiempo y energía, hasta el punto de llegar a convertirse en el centro de su cotidianidad. La nueva responsabilidad asumida requiere una profunda transformación de su forma y calidad de vida. Convivir continuamente con un familiar que se deteriora de forma progresiva va generando diversas reacciones afectivas —alegría, tristeza, tensión, ira, culpabilidad, desconcierto, ternura…— que pueden afectar el día a día del cuidador en diversas esferas: surgen nuevos roles, obligaciones y conflictos en las relaciones familiares; el ámbito laboral se ve afectado por absentismos, si no abandono; incrementan los gastos; disminuye el tiempo libre dedicado al ocio y a las relaciones interpersonales; aparecen problemas de cansancio, faltas de sueño y de apetito; y el ánimo se resiente, acusando irritabilidad, preocupación y ansiedad.

El estrés del cuidador surge principalmente de las diferentes formas de percibir las necesidades del enfermo, de la demanda de inversión de tiempo o recursos, o de divergencias entre sus expectativas y las del resto de los miembros de la familia. En muchas ocasiones, aparecen conflictos ante la incapacidad de poder satisfacer las necesidades familiares, personales y las del enfermo. El cuidador renuncia entonces a verdaderas necesidades propias, y esa falta de atención va minando sus fuerzas y su salud.

Cuidar de los cuidadores requiere algo por parte de ellos mismos, de las personas que reciben cuidados y de la sociedad entera. Vayamos por pasos.

Establecer una relación de cuidado implica a dos personas, que deben respetarse mutuamente, reconocer el valor de una y otra, y aprender a mantener en su justa medida, tanto la demanda como la oferta de cuidado.

Pero, a veces, pesa mucho la propia biografía, los desafíos que la vida nos ha ido poniendo y la imagen que construimos de nosotros mismos. Entonces, necesitamos que alguien de mucha confianza nos diga desde fuera cuál sería la posición correcta en la que nos tendríamos que colocar. No todo el mundo logra esa suerte, pero mi amiga Anabel, sí. Tiene veintinueve años, un marido bastante sensato y un bebé de seis meses. Creció sintiéndose una de esas personas «aspirinas», llamadas a resolver los problemas de todos, hasta que Jesús, su esposo, la ayudó a mirar las cosas desde otra perspectiva. Así me lo contaba ella:

Mis padres se separaron cuando yo tenía un año y medio, por lo que desde chica viví con mis abuelos, con mi madre. Mi abuela fue para mí una madre y mi abuelo, la figura paterna que me faltaba.

Mi abuela murió cuando yo tenía doce años y mi madre nunca superó esa prueba; entró en cuadros depresivos, y a los cuarenta años le diagnosticaron un trastorno bipolar. Así que, con tan solo dieciséis años, me encontré en la tesitura de tener que cuidar a una madre enferma y a un abuelo que era de la «vieja escuela»: no sabía cocinar ni hacer nada de la casa, mi abuela hasta le preparaba la ropa que se tenía que poner al día siguiente. Realmente, había mucho que hacer...

Esos años fueron duros. No me sentía en confianza para contarle a nadie lo que estaba viviendo en casa. En el colegio, ni los directores ni los profesores se involucraban en nuestros problemas. Ante mis amigas sentía vergüenza por lo que era mi vida. La gente te resuelve la cosa con frases livianas como: «Tu madre lo que necesita es un novio, que salga más y vas a ver cómo se soluciona». Esos comentarios superficiales y genéricos no me ayudaban para nada. Realmente viví todo ese tiempo con mucha soledad y tuve también una crisis de fe súper fuerte. Desde los dieciocho hasta los veinticuatro años estuve muy enojada con Dios por lo que me tocaba vivir.

Cuando acabé el colegio, yo no quería hacer mucho ruido. Crecí no queriendo ser nunca una persona que llevara problemas a la casa y eso, sin darme cuenta, iba minando mis sueños. Empecé estudiando Derecho y Ciencias Políticas, porque era lo que quería mi madre. Más adelante completé el proceso para solicitar una beca Erasmus, que me concedieron, pero, al final, decidí no irme. Me reconcomía la responsabilidad: ¿quién se ocuparía de mi madre y de mi abuelo?

A los diecinueve años me sentía muy triste. Lo achacaba a la universidad: no me gustaba lo que estaba estudiando. Después de un debate interior, como primer punto de ruptura, dejé la carrera de Derecho. Hice entonces un clic: el de darme cuenta de que quería vivir mi propia vida, aunque siempre prevalecía mi papel de cuidadora de mi madre y de mi abuelo.

Un punto importante para seguir adelante de otro modo fue mi conversión religiosa. Me cambió la perspectiva sentir que el Señor me decía: «Vamos a hacerlo todo juntos. Tú no eres tu madre, eres una persona distinta, con una vida distinta». Eso fue tremendamente liberador. Además, en ese tiempo conocí a mi actual marido. Era en los años de la facultad y guardaba como un gran secreto el panorama que había en mi familia. Cuando por fin se lo conté a Jesús —el que ahora es mi esposo— lo hice con mucho miedo: temía que huyera. Sin embargo, él fue la primera persona con la que me sentí verdaderamente acogida en este tema. Por primera vez, sentí una mirada hacia mí como yo misma. Él estaba ahí, frente a mí, viendo a Anabel, no a una cuidadora. Lo que primaba en su campo visual era yo, independientemente de mi «paquete». Con sus consejos y su aliento empecé un camino de cuidados de una forma distinta: saber poner las distancias, los límites. Entendí que mi rol en la vida no era solo el de ser cuidadora de mi madre y de mi abuelo. También tenía otras cosas que hacer y aportar. Otras personas a quien amar.

Aun así, el cambio mental lo iba haciendo poco a poco. Por ejemplo, cuando acabé la carrera me salió la posibilidad de irme a Barcelona a hacer un máster, pero, de nuevo, como me sucedió con la beca Erasmus, la rechacé.

Con la perspectiva de hoy, hubiera hecho las cosas de otra manera. A una persona que esté pasando por lo que yo pasé a los dieciséis años, le diría que no lo viva en solitario porque eso te crea una coraza con los demás y contigo misma. Le aconsejaría buscar una red de apoyo real. Mis amigas no fueron esa red; tendría que haber buscado a otras. Le diría que preste atención a la imagen que te creas de ti misma, que muestras a los demás y que te terminas creyendo. Necesitas a alguien que te ponga en la verdad y no caer en la trampa del silencio y la ocultación. A los profesores les diría que, si verdaderamente tienen vocación de educadores, no se conformen con ser simples transmisores de contenidos teóricos.

Que vean qué puede haber detrás de un alumno que flojea en las asignaturas. Que tengan una mirada amplia, para ir más allá de lo académico y mirar a la persona de modo completo.

Ya adulta, he seguido mi aprendizaje. Cuando di a luz, tuve un parto horrible, súper complicado, que terminó en cesárea. En cuanto me desperté, pregunté enseguida por mi marido y por el bebé. Entonces, una matrona me dijo algo que no olvido: «Para poder cuidar a los demás tienes que estar primero bien tú. Ahora reponte y luego vendrán tu marido y tu hijo». Creo que esa frase resume muy bien cómo entiendo el cuidado hoy: un darse a los demás teniendo en cuenta tus capacidades. Un ejemplo reciente: ayer tuve un episodio con mi madre, que ahora mismo está en un mal momento. Cuando pasa una mala racha, tiene dos versiones: o desaparece y no sabes nada de ella durante semanas, o me llama sin parar. Cuando está en esta segunda versión, no se puede dialogar, así que la escucho y ya. Ayer por la tarde me llamó cinco veces, hasta que mi marido me sugirió: «Pon el móvil en modo avión que, si no, vas a explotar». Porque también está el niño de seis meses...

Hoy mis prioridades han cambiado: tengo un marido y un hijo; necesito poner límites y buscar formas de cuidado colaborativo. No lo tengo que hacer todo yo sola; puedo delegar en profesionales.

Para cuidar de un modo adecuado hay que encontrar la inversión correcta de tiempo y energías para mostrarse disponible. No es posible mantenerse en una condición de entrega al cien por cien, los siete días de la semana y las veinticuatro horas de cada día. Es preciso establecer periodos de suspensión del tiempo que se dedica a atender a otro y canalizar las fuerzas hacia algo diferente, empezando por las propias necesidades. Defender un mínimo de independencia y propia autonomía es respetarse a uno mismo y es indispensable para no alienar la propia identidad en el otro y para prodigar un cuidado duradero. Además, en la mayoría de los casos, es necesario repartir la responsabilidad del cuidado, permitiendo a otros agentes entrar también en juego, o delegar algunas tareas que pueden requerir preparación específica.

Pero un cambio de actividad, por sí solo, sería insuficiente. El modo más decisivo de autocuidarse es cultivar lo que aumenta el conocimiento profundo de lo que se hace, del porqué se hace o la pericia con la que lo hacemos. Si no hay pasión por el bien, una satisfacción profunda de encontrar el bienestar propio al procurar el bienestar de otro, de propiciar los primeros cuidados de modo incondicional, de devolver el amor recibido, o de procurar el máximo alivio a otro, la fatiga del cuidado se vuelve insoportable por sí misma. El tiempo y energías dedicados a los demás no redundarán en nuestro propio crecimiento como personas, sino que se vivirán como un límite asfixiante a la propia vida, recortada en sus posibilidades.

Y si seguimos adentrándonos en la cara oculta del cuidado, no podemos no detenernos en los peligros que conlleva la necesaria asimetría de posiciones a la hora de cuidar. Por una parte, la hiperdemanda de cuidados, muchas veces innecesarios, o la falta de agradecimiento y reconocimiento por parte de quien es atendido pueden llevar a la anulación de la identidad del cuidador, que acaba «des-viviéndose» equivocadamente por aquel a quien se da. Por otra, como ya hemos visto en el caso de Rosa, una disponibilidad desmedida acaba haciendo creer al otro que es más necesitado o vulnerable de lo que realmente es. Precisamente porque se le respeta y se le quiere, porque se reconoce su valor, hay que ayudarle a tomar posición sobre su propia vida, sin dejarle cautivo de las dependencias, afectos o conflictos de las que ya hemos hablado.

Si se desea llegar a un cuidado enriquecedor para ambas partes, se debe encontrar el equilibrio entre un hacer que amenaza con expropiar al otro y un mantenerse distantes que pueda resbalar en la negligencia o, mucho peor, en la indiferencia. El equilibrio se logra al saber establecer la justa cercanía, una distancia de seguridad que permite amortiguar las malas reacciones, las impaciencias o los fallos de ambas partes, sin que esas turbulencias impidan definitivamente el diálogo o la buena relación.

En definitiva, tanto cuidar como ser cuidado requiere esfuerzo. Y para que sea un esfuerzo feliz y distendido, ha de canalizarse en buena parte hacia el cultivo de virtudes relacionadas tanto con el dar como con el recibir. Entre las referidas al donar están la laboriosidad, la economía para ahorrar, el discernimiento para dar a quien lo necesita, la benevolencia, la beneficencia, la liberalidad, la justicia, la misericordia y la compasión. Entre las del recibir, podemos mencionar la gratitud, la cortesía (incluso cuando quien da lo hace con poca elegancia), la paciencia ante quien no da lo suficiente o no acierta en lo que da, el humilde reconocimiento de la propia vulnerabilidad sin complejos, la justicia, para medir las propias demandas de cuidado.

Cuando se ponen en juego estos hábitos, se produce un círculo virtuoso y el que recibe ayuda no se queda solo en receptor, sino que a su vez dota al otro de nuevas capacidades netamente humanas, como la de servir. El donador recibe un aprendizaje vital, para cuando él mismo sea dependiente, y refuerza también la expectativa razonable de que su propia vida sea entonces cuidada con esmero.

El reconocimiento y el agradecimiento mutuos pueden parecer asuntos insignificantes y, sin embargo, no lo son. La felicidad de las personas cuidadas, cuando es expresada y reconocida como efecto de los cuidados de otro, dota a la actividad del cuidador de un gran sentido y propósito, que redunda también en su felicidad. Cuando ese reconocimiento hacia el cuidador es social, le da un lugar afirmado como miembro valioso de una comunidad. Es lo que hicimos con los famosos aplausos desde el balcón, durante la pandemia.

Por otro lado, cuando el vulnerable que es objeto de cuidados constata el efecto benéfico que produce en su cuidador, en su familia o en su comunidad, deja de sentirse una carga, se hace consciente de su aportación insustituible y encuentra también su lugar social. Así, no se autodescarta ni se deja descartar.

¿Y qué pasa con quien está tan invalidado que no puede manifestar ese reconocimiento y agradecimiento? Entonces serán la familia, la comunidad y el Estado quienes tienen el deber, primero, de apreciar esa vida como manantial de compasión, generosidad, altruismo y amor incondicional; después, de sostener a los cuidadores en su propósito, proporcionándoles los recursos adecuados y manifestándoles reconocimiento y respeto públicos.

Nos va la vida en aprender a cuidar la vida humana, toda vida, por imperfecta o frágil que pueda parecer. Esa es la única garantía de que también la nuestra será cuidada, sin que alguien ajeno a nosotros pueda establecer parámetros para calificarla como «eliminable» y sin que sentimientos personales negativos nos arrastren hacia la muerte.

Si queremos que haya un recambio generacional del siglo XXI al XXII, hay que hacer una apuesta decidida por el coraje y la feliz fatiga de cuidar. Vale la pena reforzar relaciones de cuidado que generen vínculos de amor que se extiendan hasta construir una familia humana, puesta en pie en el tiempo y el espacio. Solo desde un fortalecido y amistoso entramado social se pueden generar ciudades, estados y sociedades renovadas, donde el cuidado emerja como misión de toda existencia humana.

Y eso exige, como clama Rosa en la película citada, apretar un botón nuclear (porque acierta con el núcleo, con el corazón social) y empezar de nuevo: comenzar la revolución hacia la sociedad de los cuidados.

Y AL FINAL, ¡FIESTA!

La realidad vive de las acciones de cuidado. Es la pasión por el bien lo que nos mantiene en el mundo: la pasión por el bien que existe o por el que puedo contribuir a crear. Dice Dante que es el amor lo que mueve el sol y las estrellas. Bien lo pudimos comprobar durante el tiempo de pandemia: cuando todo se paralizó, cuando todos nos atrincheramos en defensa de la salud, emergió un ejército de cuidadores que mantuvo rodando del mundo: médicos, enfermeros, personal sanitario, dueños y empleados de supermercados, limpiadores, cocineros, personal farmacéutico, repartidores de paquetes, sacerdotes… Y, por primera vez, la sociedad entera les dedicó un aplauso bien merecido. Su cuidar heroico, muchas veces tan oculto y menospreciado, se convirtió en celebración comunitaria.

La experiencia del gozo espiritual que deriva de hacer el bien es la mejor de las cosas, y, por eso, la más placentera. El cuidar —que es un hacer el bien, si está enfocado correctamente, si se realiza en su justa medida— no implica un desangramiento del ser, porque dota de significado a la vida; lleva al conocimiento de lo esencial; produce un íntimo placer por hacer lo que se entiende que se debe hacer.

Es un placer ético: saber hacer lo que es esencial hacer. Es el placer que viene del pensar en hacer lo que es necesario para que algo bueno suceda.

Y esto funciona a todas las escalas. Se hace ética de bolsillo en el gesto de un abuelo que suelta la mano de su nieta y se agacha para ajustar la tapa de una alcantarilla, o para apartar de la acera lo que podría obstaculizar el camino de alguien, o se detiene y posa sus manos grandes y pecosas sobre los andamios de un edificio para comprobar que son seguros, o recoge una cáscara de plátano y mostrándola como un trofeo, dice a la nieta: «¿Ves? El bien no se nota. Alguien se va a librar de tropezar aquí, caerse y romperse la pierna, y nunca se enterará». Era un abuelo cuidadoso, salvador invisible con instinto protector universal e indiscriminado. Era un abuelo frágil como un junco que vertía el infinito de amor que llevaba dentro sobre su pequeña nieta Irene. Y ese gesto se convirtió en recuerdo, y luego en legado y luego en narración. Narración de una gran escritora, por cierto: Irene Vallejo, en su libro *El infinito en un junco*.

Se hace ética familiar en escenarios como el que nos plantea Alauda Ruiz de Azúa en su película *Cinco lobitos* (2022), en la que narra las angustiosas peripecias de una madre primeriza que debe asumir poco a poco los cambios que implica para su vida el cuidado del nuevo bebé. Al inicio, cuenta con el apoyo de su pareja, pero la situación económica es muy precaria, y él acepta un trabajo que le hará ausentarse con frecuencia. Agobiada por la incesante tarea de ser madre, Amaia —la protagonista— decide trasladarse a la casa de sus padres, en un pueblo de la costa vasca, para que ellos la ayuden con la niña. La estrecha convivencia, en nuevas circunstancias y con tiempo para dialogar, hace a Amaia testigo de las limitaciones y vulnerabilidades de cada uno y le va abriendo los ojos a cómo aceptar con entereza, sin resignación ni rabia, la vida que le ha tocado vivir, superando los momentos difíciles, por amor a los demás, como también lo han sabido hacer antes sus padres, Begoña y Koldo. Cuando la madre cae enferma, los papeles se invierten. Amaia se hace dueña del cuidado que le quiere ofrecer y vuelca en ella toda su capacidad de asistir y de querer. A partir de ese momento, entre enfados, frustraciones, sustos y consuelos de unos y otros, los lazos familiares se van clarificando y fortaleciendo. Koldo, que no sabe contribuir de otra manera, aporta un colofón importantísimo: celebrar los mejores momentos que han vivido juntos los tres. Ha dedicado muchas horas a recopilar —a escondidas de su mujer— escenas de vídeos que en su momento recogieron la crianza de la niña. Y juntos saborean cada escena. Begoña entonces exclama: «Qué felices hemos sido, sin saberlo». Al final, la película mostrará cómo los cuidados cotidianos, hasta los más rutinarios, los ocultos o los no reconocidos, han ido dejando un poso de amor estable y fuerte, que redunda en el bien de cada uno. Los «cinco lobitos» que componen la familia se han hecho fuertes y grandes con la epopeya de cuidarse los unos a los otros. Y, al final, todos recobran el equilibrio, para continuar juntos la aventura de vivir.

Cuidar es también un placer estético. Hacer las cosas cuidadosamente, con dedicación de artesano, con creatividad de poeta, produce un gozo específico. Una amiga me contaba que un pariente suyo llegó a enmarcar la factura emitida en cierto local: «¿Quiere que se la haga, o que *se la haga bien*?», le había preguntado el vendedor. La segunda opción —que obviamente fue la elegida— significaba aplicar una técnica de caligrafía que el hombre había aprendido recientemente. La factura acabó enmarcada, pues por la magia de esa acción cuidadosa y excelente, tenía un valor añadido: no era solo un documento contable, se había convertido en un objeto ornamental y en una condecoración a la excelencia.

El cuidado ampara y conserva lo bello, que no se descarta por inútil.

Buena parte del arte de cuidar —también en lo cotidiano— reside en saber hacer fiesta: detenerse a contemplar el bien generado, celebrar cualquier paso adelante, reservar tiempo para hacer acopio de alegría, subrayar momentos memorables, significativos, y dar espacio y lugar a ese recuerdo a lo largo del tiempo común. Se establecen así pequeñas celebraciones íntimas, que tejen una historia compartida, y nos ayudan no solo a cuidarnos los unos a los otros, sino también la relación que nos envuelve. De ahí surgen pequeñas tradiciones y costumbres que nos pertenecen y nos distinguen, remarcando lo que, para nosotros, en particular, es importante.

Cuando se cumplió un año exacto de la intervención con la que iniciamos la lucha contra la enfermedad, me presenté en la planta del hospital donde había sido operada. Recuerdo la cara de sorpresa de la enfermera jefe, Sara, cuando le dije que traía una caja de bombones para que ella y las demás de su equipo celebraran conmigo que todo había ido muy bien. Me sentía como una flor, una flor renacida en Chernóbil. En mi memoria, todos sus desvelos, sus turnos de noche, la rapidez y la sonrisa con la que atendían cada petición: era mucho lo que tenía que agradecer. Había visto con mis propios ojos que para cuidar y curar se requiere una fortaleza extraordinaria. En ocasiones, se convierte en una aventura épica de superación, que tras fases dolorosas y más grises rompe en alegría incontenible o en una serena paz y eso vale la pena festejarlo.

Es propio de las fiestas acabar cantando a pleno pulmón y eso hice de nuevo, en el coche y volviendo a casa, también en esta ocasión. Ya me sabía de memoria la canción que había oído en la casa de Eleonora, así que me pasé el camino repitiendo con el cantante que un hombre es fuerte cuando aprende a ser débil; que podemos subir hasta las nubes, aunque sea con las alas destrozadas; que sí, que las tormentas pasan y el día de después puede brillar más que el anterior.

Nos toca a todos construir ese mañana mejor, en el que podamos florecer y aprendamos a dejarnos cuidar. Y eso requiere atenciones, desde el inicio hasta el final.

CAPÍTULO 3
DESDE EL INICIO HASTA EL FIN

—¡Sánchez! Sala 1.

Me gustan las aventuras: he sido *scout*. Generalmente, no me dan miedo los lugares desconocidos. Me parecía haber recorrido ya bastante mundo y, sin embargo, esta mañana de marzo estoy descubriendo un universo. No me asustan los hospitales. Me gustan las personas y la capacidad de curar.

—Nombre y apellido, alargue el brazo.

Una etiqueta con mis datos y un código de barras rodean mi muñeca. Quedo esposada con la enfermedad. Nada que ver con el correr libre y divertido por la consulta de mi padre. Sí, como entonces, observo a los pacientes, uno a uno. Me gustaba hacerlo de pequeña y lo hago ahora también. Hombres y mujeres. Jóvenes y ancianos. Pieles demacradas y amarillas. Cuerpos cansados. Gorritos coloridos en las cabezas de las mujeres, calvicies en la de los hombres. Pies arrastrados. Hijos con padres mayores; esposas con maridos enfermos; parientes; amigos: todos acompañados. Caricias y cuidados durante el tiempo largo de la espera. *Flashback*: así debieron de ser los viajes de mi padre para acompañar a mi madre a sus sesiones de quimioterapia. También estos habrán tenido que dejar sus familias y sus trabajos para venir hoy aquí.

—Dejen las sillas a los pacientes. Por favor, siéntese.

Qué extraño. Todavía no me reconozco paciente. Me siento sana y fuerte, pero mi cuerpo dice que no es así. Ha llegado el tiempo de dejarse cuidar. A partir de hoy formo parte de un río de decenas, cientos, miles, cientos de miles de pacientes parecidos: un veinte por ciento de la población mundial, que necesitan ser atendidos, acompañados y tratados para poderse curar.

Hasta hace unas décadas, no nos preocupábamos a fondo del mundo de los cuidados. La solidez de las familias, la alta natalidad y la esperanza media de vida, que aseguraban el recambio generacional, y la presencia continua de la mujer en el hogar hacían que el Estado pudiera descargar en el ámbito familiar el cuidado de todos los miembros, desde los infantes hasta los ancianos.

El panorama, en pleno siglo XXI, en los países del llamado Occidente es totalmente diferente. Por concentrarnos en el marco europeo, según la página web Countrymeters, en el primer trimestre del año 2023 han fallecido treinta mil personas más de las que han nacido; un cuarto de nuestros hogares son monoparentales; la media de divorcios en países como España es de siete al minuto. Se prevé que en el 2050 el número de mayores en la Unión Europea llegue a 38,1 millones de personas, casi un veinticinco por ciento más que en la actualidad. Hoy por hoy, solo un tercio de las personas con más de sesenta y cinco años y con necesidades severas tiene acceso a servicios de atención a domicilio. Más del veinticinco por ciento de los europeos, principalmente mujeres, son cuidadores informales de niños, personas con discapacidad o familiares de edad avanzada.

La última pandemia ha agravado y aumentado la dependencia excesiva de los cuidadores informales. Las personas que requieren cuidados padecen desde hace años una falta de asistencia asequible y de calidad que las coloca en riesgo de exclusión. Por otra parte, los cuidadores —hombres y mujeres— se enfrentan a condiciones agotadoras y a una ausencia de reconocimiento que les expone, a ellos y a las personas a su cargo, a situaciones de riesgo físico y mental.

Así se entiende que el papa Francisco no deje de animarnos a la construcción de la cultura del cuidado y que la Comisión Europea piense estrategias destinadas a «garantizar unos servicios de asistencia de calidad, asequibles y accesibles». Se entiende que, como dice Rosa, haya que pulsar un botón nuclear y comenzar una revolución, cubriendo la línea del tiempo, desde el inicio hasta el final de la vida.

SER O NO SER: UNA PRIMERA CUESTIÓN

Es experiencia universal que, cuando uno está enfermo, piensa más en su vida y en su muerte, en su itinerario vital, en lo que ha realizado y lo que desearía todavía vivir. Ese fue un tema habitual de conversaciones con mis compañeras en salas de espera, en diversas pruebas médicas, en paseos solidarios. Está claro que, a raíz de una enfermedad, se aprende a celebrar la vida gota a gota y también se experimenta cómo corre, gota a gota. Por eso quizá me produjo un cierto no sé qué que en una visita médica la doctora me diera la buena noticia de que ella estaba embarazada. La noticia en sí era para celebrar y eso hicimos, pero no me acostumbraba a la situación: una mujer que llevaba en su seno una esperanza de vida se disponía cada día a atender a decenas de pacientes con una enfermedad mortal. Era como si en el hospital se fundieran dos estaciones antagónicas: la primavera empujando los verdes retoños a abrirse y el otoño con sus vendavales, colisionando con las hojas marchitas de los árboles, que aún se aferraban a la rama para seguir bebiendo la savia de la vida, resistiéndose a ser arrancadas y desparramadas por doquier.

Gracias a mi amistad con una joven ginecóloga, que se estaba especializando en interpretación de imágenes prenatales, aprendí más a fondo lo frágil que es la vida gestante y entendí mejor que la niña que crecía en el vientre de mi médico estaba tan expuesta a riesgos como los pacientes de su madre, así que establecí con cada una de ellas una corriente de solidaridad mayor: las tres luchábamos por la vida: la propia o la de otros, y eso me resultaba muy motivador. Al mismo tiempo, fijar los ojos en todas las fases vitales me hacía descubrir un enorme panorama de cuidados en cada una de ellas.

Los últimos años han hecho más visible el duelo gestacional y perinatal, el que proviene del fallecimiento del bebé no nacido o en los primeros días tras el parto. Además de centros de investigación que surgen del entorno sanitario para evitar las muertes gestacionales y perinatales, cada vez más asociaciones trabajan para acompañar a quienes las sufren, y suelen tener algunos rasgos comunes: el deseo de recuperar el cuerpo, el deseo de tener un espacio físico de recuerdo, el deseo de pronunciar sus nombres.

Durante mucho tiempo, este duelo se llevó en la intimidad familiar o de la pareja, pero, últimamente, algunos famosos han empezado a hablar de sus abortos espontáneos o del fallecimiento en el parto o inmediatamente después. Meghan Markle o Chrissy Teigen no han dudado en compartir sus historias. Y es que este duelo… duele. El futuro niño, que ocupó un lugar en el corazón, la imaginación, las expectativas, las esperanzas y el afecto de sus padres y hermanos —si era el caso— y se hizo miembro del clan, desaparece sin identidad. No ha habido nacimiento, ni bautismo, ni entierro, no ha dejado huellas tangibles, y por eso corre invisible ante la sociedad. Eso puede conducir a que no se hable y se quiera llevar en silencio, pero esa actitud, más que ayudar, desprotege y quizá distancia de los de alrededor.

El mismo reconocimiento al valor de su existencia planea en algunos gestos de los padres de hijos no nacidos o fallecidos durante o después del parto: querer ponerles nombre y marcar la fecha y lugar de su despedida, como un homenaje a la vida que podría haber sido, y que ya había ocupado un lugar en el corazón de sus progenitores. En este sentido, me llamó la atención la historia de Leire Navaridas. Esta mujer pasó de defender el aborto a sufrirlo y, finalmente, a sanarlo. Es madre de tres hijos, si bien solo uno sigue vivo. Los dos primeros no llegaron a nacer: uno por interrupción violenta del embarazo —así lo expresa ella— y el segundo por un aborto espontáneo. Un día se dio cuenta de que el hijo que había abortado era precisamente eso, su hijo, y no un puñado de células desechables. Sentía un inexplicable duelo y… «nadie hace duelo por una verruga que le extirparon», se decía con extrañeza. Así que, buscando una salida a su dolor, en 2014 modeló en barro las formas de sus hijos, fallecidos en 2009 y 2010. Lo explica de este modo en su cuenta de Instagram: «[Ese] fue un acto muy profundo y sanador. Una oportunidad de enfrentar mucho dolor y culpa. Esa ceremonia me permitió, entre otras cosas, ubicarles físicamente —simbólicamente— en la tierra. Desde entonces, voy todos los años a ese lugar».

Leire se define mujer, madre de tres hijos maravillosos, enamorada de ellos y de su marido; ecologista, animalista, feminista, activista de la vida, amiga de lo constructivo e indignada ante lo destructivo. Y piensa que dos de las cosas más destructivas que marcaron su biografía fueron el ser educada para evitar cultivar vínculos amorosos profundos con los hombres y, más adelante, la decisión de abortar. Nadie le informó de las consecuencias para su salud mental. «Me resulta curioso (por no decir, aberrante) —escribe en su blog— que cuando me fueron a extirpar un quiste en el ovario (curiosamente del tamaño de la cabeza de un bebé, según la propia doctora), me informaron de todos los posibles riesgos para mi salud y me hicieron firmar para que constara que lo hacía a conciencia, y cuando fui a abortar tan solo tuve que poner la X para legalizar el aborto por peligro para mi salud mental. Si me dieran ese papel ahora, tras cientos de horas de terapia…».

Leire sufrió mucho por la pérdida de sus niños y quiso compartir con otras mujeres las consecuencias de ese trauma. Piensa que si hubieran tenido ocasión de escuchar el latido del corazón de esos pequeños o ver la imagen de la ecografía, quizá no hubieran cambiado de opinión, pero estarían en condiciones de reconocer el origen de síntomas posteriores a la interrupción violenta de la vida que llevaban en su seno: «Pasados uno o dos días, no querer levantarse de la cama; no encontrarle sentido a la vida; no querer vivir; intentos de suicidio; tener impulsos de clavarse cuchillos en el vientre; vomitar cuando se ve a un bebé…», y otros semejantes, que le han explicado mujeres identificadas con su testimonio.

También la contactan numerosos hombres que han sufrido abortos por la decisión unilateral de su pareja y han quedado fuera de la decisión de tener el niño o no, pero no fuera del dolor que produce el vacío fruto de esa intervención.

Para Leire, las mujeres embarazadas vulnerables necesitan más apoyos que el simple recurso al aborto. Sostiene que las autoridades deberían recabar datos para conocer las causas que llevan a las madres a someterse a un acto tan traumático y ver qué otras medidas alternativas podrían ayudarlas a proteger ese embarazo y llevarlo a término. El hecho de que nueve de cada diez mujeres que acuden a asociaciones como la española REDMADRE en busca de apoyo acaben decidiendo llevar adelante el embarazo muestra que no se está atendiendo a las necesidades globales de las mujeres y la única opción que se les ofrece elimina unos miedos (a interrumpir sus estudios o el proyecto vital que se habían trazado, a perder su empleo, a no saber cómo sobrevivir, a perder a su pareja, a la maternidad, etc.), pero acarrea otros mayores.

Más allá de los motivos individuales y privados, cualquier Estado que permita eliminar alguna vida —sea la que sea y por motivos utilitaristas— nos pone a todos en peligro. Es más, cualquier Estado que tasa económicamente una vida humana —sea la que sea— nos pone a todos en peligro. Si no somos perfectos o no encajamos en planes globales, se nos coloca en la posición de tener que defender minuto a minuto nuestro derecho a vivir. Nos lo ha demostrado la historia y lo veremos ilustrado a lo largo del capítulo. Para muestra vale un botón.

En principio, un niño desvalido se ve bajo el prisma de la promesa, pero la visión utilitarista de la que hablábamos más arriba nos puede anteponer varias condiciones: siempre que haya sido querido, esté sano, o sea de un sexo determinado. Baste ver las consecuencias de la aplicación de la política de un solo hijo en China, entre 1979 y 2013: lo que se vendió como un remedio para evitar la sobrepoblación de ese país, acabó siendo una violación de los derechos humanos y reproductivos. La preferencia tradicional por los hijos varones junto con la política de un solo hijo condujo al abandono de un gran número de niñas, destinadas a orfanatos, a abortos selectivos por género o incluso casos de infanticidio femenino.

En un anciano o un enfermo dependiente, ese mismo ser desvalido se percibe a veces como un lastre, una carga, una inversión de recursos escasos. Necesita validación y reconocimientos externos (de su familia y de la sociedad) para seguir adelante hasta el final. Si no cuenta con eso, se sentirá un egoísta por disfrutar cada día que pasa y entonces no verá opción mejor que recurrir a la eutanasia o a la llamada muerte asistida.

Ser o no ser, esta es la cuestión acuciante que nos sitúa ante un abismo. Y no he encontrado mejor modo de expresarlo que las inteligentes observaciones de Sally Phillips, comediante británica y madre de un niño con síndrome de Down. Hace unos años, ante el drástico descenso de nacimientos de niños afectados con este síndrome en Europa, indagó en un documental para la BBC sobre en qué tipo de sociedad queremos vivir y a quién pensamos que se le puede otorgar visado para vivir en ella. «Si estamos avanzando hacia un mundo en el que se puede elegir quién nace —decía refiriéndose a los avances en las pruebas de detección temprana de todo tipo de condiciones, no solo el Down—, necesitamos pensar qué es lo que valoramos. Y a medida que nuestro poder de elección se hace mayor, quiénes son las personas que la sociedad puede ir dejando atrás». Como quien lo tiene bien experimentado concluía: «Hay un gran valor en lo que no es perfecto. Si hay una grieta, por ahí es por donde puede entrar la luz. Y las imperfecciones son el lugar donde la humanidad se vuelve más visible».

Nos jugamos mucho si despreciamos la luz.

Madurar siempre a través de otros

Todos necesitamos cultivo, cuidado y que se fatiguen por nosotros en cada periodo de la vida. Pero ¿estamos seguros de que recibimos lo que precisamos o esos cuidados se están quedando cortos? ¿Será que en algún caso se trata de seudocuidados?

Empecemos por el principio. En el curso natural de la vida humana (salvo accidentes o enfermedades), la vulnerabilidad se hace presente de forma especial al principio y al final de la existencia. Así lo experimentamos los humanos, pero no es así en todos los animales.

Muchas crías de otras especies son autónomas en cuanto a movimiento al poco de nacer; otras tardan años en serlo. En las especies más precoces, las crías requieren pocos cuidados de sus padres y maduran relativamente pronto: aprenden a moverse y a autoalimentarse (sucede con algunas aves) o a proveerse alimento por sí solas, aunque aún también sean nutridos por la madre (algunos mamíferos). En el caso de especies altriciales, las crías son inicialmente incapaces de moverse por sí mismas y necesitan un extenso cuidado parental.

El ser humano es altricial: tarda meses en pronunciar palabras, sostenerse de pie, alimentarse solo o distinguir colores. Esto implica que durante sus primeros años de vida (y en sentido amplio hasta que finaliza el proceso madurativo propio de la adolescencia) necesita de adultos significativos que le proporcionen amor y cuidado para desarrollarse saludablemente.

En las etapas de desarrollo infantil se suele hablar de desarrollo sensorial, físico (movilidad gruesa y fina), cognitivo, lingüístico y psicosocial. En la etapa final de la vida, el deterioro también afecta a los sentidos, la movilidad, los aspectos cognitivos y de lenguaje, así como al mundo psicosocial. El sentido del oído es el primero que se adquiere, ya en el útero, y cuando alguien está en coma o agonizando lo acompañamos con el contacto físico y con la voz. Entre los deterioros provocados por la edad, a veces reaparece la dificultad para pronunciar o la incontinencia. La dependencia inicial se puede reproducir en la etapa final: necesitamos ayuda para alimentarnos, desplazarnos y resolver nuestras necesidades básicas.

Y entre uno y otro extremo del camino, surgen diversas zonas de vulnerabilidad que, afrontadas con la ayuda de los demás, se convierten en vías de crecimiento, de desarrollo de la propia identidad e intimidad, de apertura y sociabilidad, de sentido trascendente de la propia existencia. El florecimiento de la persona humana en cada etapa vital requiere unas atenciones y un cultivo específico que, más allá del cuerpo, pero con el cuerpo y a través de él, debe llegar al espíritu y reafirmar a la persona ante el mundo y ante los demás.

Por seguir un esquema didáctico, que nos ayude a explorar estas afirmaciones, tomo la división de las etapas de la vida propuestas por Marc Grau-Grau en su capítulo: «Fatherhood Involvement as a Source of Human Flourishing», en *Human Flourishing*,

2023). Lógicamente, se trata de divisiones teóricas y generales, que nos sirven para ilustrar lo que se quiere explicar, pero no pretenden ser afirmaciones científicas ni especializadas, sino más bien experiencias compartidas y guías para la reflexión personal.

Así, por ejemplo, durante la entera minoría de edad nos jugamos el asentar bien la confianza. La pregunta esencial que se hacen los niños hasta la mayoría de edad, es: «¿Puedo confiar en el mundo?». Está comprobado que, para crecer seguros y con esperanza, contar con el amor incondicional de los padres es un gran factor protector y, en este sentido, me conmovió que Leire se preguntara qué le podría contar a su hijo cuando creciera:

> Cuando Lander tenga cierta conciencia, le tendré que explicar mi historia. Tendré que informarle de que, si yo no hubiera pasado por aquello, ahora él tendría dos hermanos que le llevarían ocho y nueve años. Su hermana mayor se llamaría Matilde y su hermano, el mediano, Leo, y ahora estarían con nosotros físicamente. Pero mamá ha cometido unos errores, porque estaba muy perdida y no sabía lo que hacía. Pero eso se puede superar. Los errores, al final, están para aprender de ellos, no para castigarnos. Por muy grave que sea el error, como lo es acabar con otro ser vivo, uno no va a ganar nada castigándose. La forma de honrar esas vidas perdidas es viviendo tú, que sigues teniendo la oportunidad de hacerlo.

Siempre siguiendo el artículo citado, vemos que entre los dos y tres años se puede afianzar la autonomía personal, ayudando a superar la duda mediante el trabajo de la voluntad. Los pequeños se preguntan: «¿Está bien que yo sea así?». Y es un buen momento para asegurarlos en sus cualidades y hacerles ver también lo que pueden mejorar, sin un espíritu rígido que busca la perfección, ni tampoco un espíritu de sobreprotección que no inspira a dar lo mejor de sí. Al final, la ciencia, a lo largo del tiempo, sigue siendo bastante contundente al afirmar que unir firmeza y límites con ternura y cariño profundo es el camino más eficaz, más humano y más facilitador de un desarrollo saludable.

Esta es la etapa también de acompañar la gestión de las propias emociones. Es la etapa de los berrinches, de comenzar a comprender cómo nos sentimos, qué emociones podemos tener y cómo encauzarlas.

La edad del preescolar es buena para ayudar a buscar el equilibrio entre lo que quiero hacer y lo que me conviene de verdad. Algunos teóricos de la psicología del desarrollo comentan que es la fase del desarrollo de la moralidad: de poder distinguir lo que está bien de lo que está mal. Algo que puede ayudarnos a acompañar este proceso es la reflexión que hace Fernando Sarráis, consultor clínico del Departamento de Psiquiatría y Psicología Médica de la Clínica Universitaria de la Universidad de Navarra: una acción es buena si me hace bien, si hace bien a los demás y si mejora el mundo. Es el momento de explicar que no somos el centro de todas las cosas, sino que vivimos en comunidad, y eso significa un don y una responsabilidad. Los niños mirarán a los mayores pidiendo opinión sobre si actuar o no, si moverse. Es el momento de desarrollar en ellos el propósito, explicarles los buenos motivos de fondo para hacer lo que hacen.

Durante la educación primaria, entre los seis y los once años, se van a enfrentar con la realidad: qué pueden conseguir y qué no con su esfuerzo. Es probable que aparezcan las comparaciones con otros niños y pueden venir lo que coloquialmente conocemos como «complejos de inferioridad». Su pregunta esencial probablemente será: «¿Lograré hacerlo?». Y el resultado dará directamente en la diana de su autoestima. Es este un periodo que merece mucha atención a fenómenos como el *bullying* escolar o el sufrido en redes sociales como TikTok. Según estudios de PISA, el sesenta y cuatro por ciento de los estudiantes acosados con frecuencia por sus compañeros manifiestan que se sienten tristes muchas veces. Además, tienden a estar asustados y no satisfechos con su vida. Pierden la confianza en sí mismos y se vuelven menos propensos a superar la adversidad. Desde hace años, diversas encuestas muestran que el acoso escolar puede causar daños tanto a corto como a largo plazo, pudiendo incluso llevar, en ocasiones, al consumo del tabaco, del alcohol o de sustancias estupefacientes. Pueden acarrear más probabilidades de depresión y se pueden manifestar también en autolesiones o, incluso, en casos extremos, la tremenda y dolorosa realidad del suicidio. Una investigación publicada en *The Lancet* el 28 de abril de

2015 mostraba que los niños acosados por sus compañeros tienen más problemas de salud mental a largo plazo.

Ante esto, ¿qué podemos hacer? Como primera medida, usar nuestra capacidad *premium*: el diálogo. Es importante hablar de forma regular con los niños, preguntar sobre sus amigos, sobre su día en la escuela y todo lo que se relaciona con su vida escolar. También educarlos con respecto al uso del teléfono móvil. Un buen remedio para aumentar su confianza es alentarlos a hacer cosas que les gusten y donde se sientan seguros, porque se les dan bien. Y siempre y a toda hora, darles ejemplo de cómo tratar a otros con respeto y amabilidad.

La ciencia alerta también sobre la importancia de que todos nos involucremos: quizás un hijo no es víctima de acoso ni tampoco agresor, pero puede que sea parte «del montón», de los que se ríen del chiste ofensivo, de los que reenvían un meme burlón, de los que sostienen el *bullying* con su participación de tribuna que no denuncia la situación de acoso. Esto quiere decir que todos tenemos algo que hacer, no queda nadie a quien no afecte esta realidad.

Entre los diez y los veinte años (cuando muchos sitúan la adolescencia), generalmente, entablarán una lucha entre identidad y confusión. Hasta llegar a poder responderse «¿Quién soy yo?» irán de acá para allá, sostendrán una opinión y la contraria, se debatirán por reconocerse en un cuerpo cambiante y tendrán continuos cambios de ánimo y de opinión que a veces será difícil de acompañar. Entender su realidad, comprender lo que piensan, generar un clima familiar de cercanía y apertura donde los temas se pueden dialogar, ubicarnos en un lugar de referencia que nos permita dar respuestas firmes a sus preguntas y mostrar un amor seguro, pueden ser vías para facilitarles que acaben descubriendo cómo ser fieles a sí mismos y a los demás.

Una vez más, aquí conviene tener muy en cuenta el impacto de las redes sociales. Ellas son los nuevos espacios públicos, los mercados, las calles digitales, los parques virtuales donde los chicos se exponen al mundo. Antes el alcance de nuestras acciones y dichos se limitaba a unas decenas de compañeros de clase y varios amigos. Además, teníamos tiempo de aclarar lo que habíamos querido decir y podíamos compartir con nuestra familia las reacciones favorables o las bromas pesadas de los demás, pero el escenario actual es completamente distinto. Lo que disparan en una red puede ser visto en menos de cinco minutos por sus miles de seguidores que a su vez pueden reaccionar validando o rechazando sus *post*, vídeos o mensajes, de modo instantáneo, irreflexivo y con la irresponsabilidad que favorece el anonimato. Como el resultado negativo puede ser devastador, los adolescentes se acostumbran a calibrar mucho lo que publican, para que sea validado por su comunidad. Esto puede llevarlos a crecer atrapados en dobles vidas: la que publican en redes y la que viven entre bastidores. Recuerdo siempre el desconcierto de un matrimonio amigo ante el desconsuelo de su hija: había invitado a sus seguidores (varios miles) a su fiesta de cumpleaños y «solo» setenta habían respondido que efectivamente irían… Fue una estupenda ocasión para aclararle la distinción entre *followers* y amigos reales, entre darle a un clic y tomarse el interés y el tiempo de acudir a una cita importante. Y más a fondo: la alegría por su cumpleaños, por su llegada al mundo, la tenía incondicionalmente en ellos, sus padres, su hermano, sus abuelos, sus tíos…

María Zalbidea, en su libro *Cosiendo la brecha digital* (2021), da muy buenas ideas para fortalecer la autoestima en aspectos reales de la personalidad joven y lograr que los primeros y fundamentales *likes* los reciban en casa. Ahí es donde deben saberse y sentirse comprendidos, queridos como son, escuchados y consolados; donde pueden soñar con metas audaces sin que nadie les corte las alas. Como madre de cuatro hijos, deja algunos consejos bien experimentados para afianzar una autoestima sólida: enseñar a disfrutar la vida de verdad, sin aplausos ni espectadores; descubrir el sentido que tiene la propia vida, que no depende de que a los otros les guste; hacerles entender que no es necesario publicar todo lo que se hace, se piensa o se siente; animarles a mostrar en casa, ante los que les quieren bien, lo que llevan dentro, lo que les apasiona y también lo que les entristece o disgusta.

Si reciben muchos *likes* familiares en los aspectos positivos y buenas conversaciones ante lo negativo y pesado, sin juicios ni regañinas, tendrán oportunidades de ir creciendo sanos y fuertes, y de aprender a relacionarse así con los demás: no conformándose con avatares, sino buscando a las personas de carne y hueso.

Y hablando de carne y hueso… La etapa de la pubertad es fundamental tanto para aceptar el propio cuerpo y sus cambios fisiológicos como para entender de modo integral la dimensión sexual de su persona. En la era de Internet, los menores disponen de un acceso ilimitado a múltiples y variados contenidos pornográficos. Según un informe de *Save the Children*, las y los jóvenes, ellos en mayor medida, acceden por primera vez a contenidos pornográficos a partir de los doce años y, en la mayor parte de los casos, estos se convierten en una de sus fuentes de formación afectivo-sexual, con los riesgos que esto supone. Por ejemplo, debido a la etapa evolutiva en la que se encuentran, caracterizada, entre otros aspectos, por un cerebro aún en desarrollo, les resulta dificultoso diferenciar entre realidad y ficción. Además, se ha observado que quienes consumen pornografía refieren mayor número de encuentros sexuales, múltiples parejas sexuales y una iniciación sexual más temprana, en comparación con adolescentes que no consumen pornografía.

Como factores predisponentes para una mayor probabilidad de consumo de pornografía y de su frecuencia, se ha encontrado una mayor impulsividad, el uso de alcohol y otras sustancias en el año previo, una menor vinculación emocional con los progenitores, alteraciones en el funcionamiento familiar y la violencia familiar. También los adolescentes que han sido víctimas de violencia familiar presentan una mayor tendencia a consumir pornografía, y especialmente de contenido violento. De todos modos, el uso está muy extendido: en España, el 53,8 por ciento de los jóvenes que han visto pornografía lo hicieron por primera vez entre los seis y los doce años, y el ochenta y uno por ciento de los adolescentes varones la ve de manera habitual, casi a diario.

Los adolescentes que consumen pornografía de manera regular presentan una mayor propensión a mostrar actitudes negativas, y cuando perciben los materiales pornográficos como una herramienta de educación sexual manifiestan una mayor tendencia a percibir el sexo como un mero instrumento para la gratificación sexual. Sigue estudiándose, por ejemplo, si este es un factor más que contribuye a las tristes noticias de violaciones en grupo, ejemplo paradigmático de brutalización y de disociación del uso del sexo y de cualquier sentimiento amoroso y respetuoso.

Los expertos alertan de que la pornografía se está convirtiendo en la manera más extendida de «educación sexual», lo que lleva a preguntarnos: ¿realmente queremos dejar en manos del porno lo que nuestros adolescentes van a pensar del sexo, el amor, la afectividad? Para no llegar a esos extremos, María Zalbidea, de nuevo, nos da un consejo muy sabio: «Ponte a tiro. Que tus hijos no le pregunten a Google lo que quieras explicarles tú, adelántate». De modo un poco más amplio, sugiere que los padres piensen una lista de temas que querrían hablar con sus hijos, para ser sus primeras fuentes, antes de que se topen con ellos en las redes. «Llegar dos minutos antes de que tu hijo o hija vea un vídeo en YouTube que le marque para siempre debe ser una de tus prioridades», afirma. Eso exige una disponibilidad 24/7, como la del buscador digital, pero también confianza, transparencia, explicaciones seguras y mucha cercanía.

La adolescencia es una etapa larga en la que los jóvenes son especialmente vulnerables a los cambios fisiológicos que experimentan en su propio cuerpo y al torbellino de emociones, sentimientos y deseos que encuentran en su interior. Este es un periodo delicado, donde los padres, madres y educadores pueden acompañar el proceso de desarrollo integral, justo cuando los jóvenes comienzan a conocerse más en profundidad en las distintas dimensiones de su vida: identidad sexual, vocación en la vida, apertura a la trascendencia… Es una etapa que requiere enseñar a entrar en armonía con la realidad corporal, a discernir las atracciones y afectos, a descubrir inseguridades profundas, heridas biográficas o a identificar rasgos de la personalidad que requieren ser definidos.

En este contexto, los adolescentes se exponen a muchas presiones. Por ejemplo, es innegable que la transexualidad se ha convertido en *trending topic* mediático. Ya en el año 2017, el grupo Transgender Trend, que trabaja sobre estos temas en el Reino Unido, puso de manifiesto cómo los medios de comunicación de ese país estaban abrazando esa causa de un modo parcial. Por ejemplo, según sus estudios, en tan solo un año, la cadena de noticias BBC difundió al menos treinta y cinco artículos digitales, veintitrés programas de radio y siete *shows* televisivos sobre este asunto.

Cuando se evalúan los artículos de prensa en el Reino Unido encuentran que se han publicado ciento catorce relacionados con la transexualidad, entre abril de 2016 y marzo de 2017, la mayoría favorables. También identificaban veinticinco artículos que comentan el riesgo de suicidio si los niños no son sometidos a prácticas dirigidas al cambio de sexo; sesenta y siete mencionan drogas que ayudan a esto y veintiocho a prácticas quirúrgicas en el mismo sentido. Por el contrario, artículos en los que se haga referencia a los riesgos de las terapias que se aplican en los niños transexuales solamente fueron veintidós. Sería de interés conocer el tema más en profundidad, pues, según el sitio web sexchange-regret.com, hasta el veinte por ciento de las personas transexuales se lamenta de su cambio de sexo. Según esas personas que se auto-denominan *detrans*, hay estudios que muestran que los procedi-mientos a los que se han sometido no son efectivos. Un caso para-digmático es el de Walt Heyer, exmujer trans, autor del libro *Trans Life Survivors* (2018), que hoy ofrece asesoría y apoyo en sexchan-geregret.com a otros que se arrepienten del cambio. Para él, parte del problema es que algunas personas viven en una identidad dife-rente a la que nacieron y experimentan otras dificultades psicoló-gicas, como depresión y ansiedad, producto de traumas infantiles no resueltos.

Investigadores del Reino Unido, Bélgica y España han mos-trado que la prevalencia de la transexualidad en el mundo es de 4,6 personas entre cien mil, con una mayor incidencia en mujeres que en hombres. Aunque el número es reducido, la presencia del tema en los medios ha influido en que no pocos adolescentes —confusos e inseguros por diversos motivos, en plena búsqueda de sí mismos— acaben convencidos de que padecen disforia de género y emprendan un viaje hacia una nueva identidad, primero cambiando su nombre, vestimenta y comportamiento social, has-ta llegar a la opción de cambiar también su cuerpo. Para Sally Robertson, experta en ciencias biomédicas, el número de gente joven que hoy quiere una transición de sexo es muy alta, pero poco se conoce del arrepentimiento al que muchos de ellos lle-gan por sentirse infelices en esa nueva identidad. Según ella, algunos, después de diez a quince años de reasignación quirúrgica, corren el riesgo de tener una tasa de suicidio veinte veces mayor que la de sus pares.

Si ya hay un recorrido que muestra que existe la posibilidad de que esto genere sufrimiento, ¿cómo aprender a cuidarnos y a cuidarlos? Aparte del conocido caso en Gran Bretaña de Keira Bell, en España ha saltado a los medios la historia de Susana Domínguez, joven gallega que hace seis años decidió cambiar de sexo. Actualmente no tiene aparato reproductor, ni femenino ni masculino. Lleva años tomando hormonas masculinas, y ahora deberá tomar las femeninas para regresar, en la medida de lo posible, a su sexo original. Los daños son prácticamente irreversibles. Madre e hija contaron su historia al diario español *El Mundo*, el 22 de febrero de 2023. «Y ahora, ¿qué hacemos? ¿Cómo se arregla esto?», preguntaba la madre. La verdad es que por el momento no hay perspectiva científica de solución.

Después de pasar años abrumadas por lo que ellas consideran que fue un error que habían cometido, madre e hija interpusieron una reclamación contra el Servicio Gallego de Salud. En concreto, denuncian un diagnóstico incorrecto de disforia de género y la ausencia de acompañamiento psicológico a la chica durante su transición de mujer a hombre. Afirman que los médicos se fiaron del autodiagnóstico de una adolescente, sin atender a antecedentes familiares de salud mental y sin descubrir rasgos de espectro autista que otros especialistas privados sí supieron detectar.

Su pretensión se funda en la obligación del Estado, y de sus médicos y facultativos, de proteger la salud de los ciudadanos y no causarles daños innecesarios.

Un Estado cuidadoso debería proporcionar a sus ciudadanos y a las familias toda la información necesaria y el apoyo que precisen cuando se encuentren con situaciones vulnerables. Es lo que está ofreciendo en España la asociación Amanda, que pone su mira, en particular, en familias con hijos que presentan disforia de género de inicio rápido. Entre las múltiples facetas que abordan, facilitan estudios y publicaciones científicas que guíen a los padres en cómo aliviar este sufrimiento concreto de sus hijos, pues muchos de esos padres expresan, además de dolor y confusión, que los vínculos familiares se han visto deteriorados después de las intervenciones «trans» de uno de los miembros.

Como se sabe, el debate es amplio, tanto a nivel científico como social, pero precisamente por ser un tema de enorme relevancia para la felicidad de nuestros jóvenes estamos llamados a estudiar y reflexionar y a no permitir que se tomen decisiones precipitadas.

La pansexualización de nuestra cultura ha hecho necesario dedicar atención a estos desafíos en estas páginas, quizá de un modo demasiado extenso, pero pienso que recordar estos datos nos ayuda a plantearnos la emergencia de una adecuada educación afectivo-sexual de nuestros adolescentes.

En su libro *Solo quiero que me quieran* (Rialp, 2021), Micaela Menárguez condensa diversos estudios científicos que señalan cómo la adolescencia es un momento de gran plasticidad cerebral y, por tanto, una oportunidad única para influir en la conformación del cerebro que tendremos durante la vida adulta. Son años cruciales para el comportamiento futuro. La conclusión de los diversos estudios es que un adolescente ha de ser consciente de lo que está en juego, y tener un extremo cuidado de sí mismo en esta etapa, en la que según cómo se conforme su cerebro, se le facilitará desarrollar o no todas sus capacidades. Los factores que interfieren en ese buen desarrollo son adicciones como la pornografía, las drogas, el alcohol o un uso inadecuado del sexo. Por otra parte, el estudio intenso y riguroso y el ejercicio físico ayudan a la madurez del cerebro. Es vital proporcionar a los adolescentes esta información, para que aprendan a autocuidarse y para que vayan de verdad adonde quieran ir, no solo adonde les apetece o adonde las circunstancias les conduzcan.

Un cuidado completo en esta etapa ayudará a que los hijos crezcan seguros, alegres, abiertos, ni sobreprotegidos ni totalmente expuestos a riesgos que los superen. Son años para sembrar en ellos, para propiciar que desarrollen la generosidad y para fortalecer su dimensión relacional, para ayudarlos a empoderar sus decisiones desde la reflexión y el juicio crítico, en lugar de las presiones. Cuánto bien hace jugar con otros hermanos, primos amigos, entrar en contacto con personas que navegan otras etapas de la vida: abuelos, tíos, vecinos… Vivir en casas abiertas a familias amigas, a personas necesitadas o practicar voluntariados familiares puede favorecer de modo claro estos aspectos.

UNA AUTONOMÍA ORIENTADA AL DARSE

Pero sigamos nuestra línea del tiempo. Entre los veinte y cuarenta años navegamos intentando distinguir la intimidad (que se cultiva y se puede compartir) del aislamiento que desemboca en soledad. Es la etapa en la que aflora con profundidad las preguntas: «¿Puedo amar?», «¿soy capaz de amar?». Escuchando la historia de Leire Navaridas me impactó cómo explica que ella fue educada en la desconfianza. No esperaba de ningún hombre que pudiera respetarla y amarla. La habían educado para el sexo, pero no para el amor. Había crecido convencida de que, en la relación con los varones, su meta debería ser vencer, machacar, para triunfar como la fuerte que no se deja despreciar. Todo eso fue sembrando en su interior una enorme falta de confianza en todo y en todos y un profundo sentimiento de soledad existencial. A pesar de sus numerosas uniones fortuitas y sus dos intentos de establecer una relación estable, no lograba poner nada en pie. Según explica, «de las relaciones de amor he venido a aprender algo a mis treinta y cinco años». Y la vuelta en el camino la provocó una alzada de voz de su terapeuta: «Leire, ¿cuándo vas a dejar de destruir y vas a empezar a construir algo?».

Querer amar no implica saber amar. Empezar o incluso formalizar una relación no asegura que sepamos cuidarla y reforzarla. La relación entre personas es algo dinámico y es cosa de dos. Además, hay que estar atentos a cuatro círculos de influencia que afectarán también. Tomando de Nacho Tornel la relación que propone en su libro *Relacionarte* (Planeta, 2023), hablamos de: los hijos —tanto si llegan como si no—; la familia de origen de cada cónyuge; los amigos y aficiones, y el mundo laboral. Para que el vínculo afectivo entre dos personas dé lugar a una comunidad de pensamiento, sentimiento y búsqueda de bienes comunes, se requiere mucha escucha, empatía, diálogo y cuidado mutuo. Así me lo contaban, un día, Paula y Fernando, uno de tantos matrimonios españoles que, para seguir navegado juntos la vida, han aprendido a afrontar las tormentas. Paula lo resumía así:

En cuanto cumplí los veintiún años empecé a vivir sola, haciendo lo que me daba la gana. Era una mujer pendiente de los demás, pero hacía lo que quería: vivía de mi propio dinero y disfrutaba de la vida sin ninguna responsabilidad más que mi trabajo, que, por cierto, me encantaba.

En esto conocí a Fernando, un chico apuesto y divertido, que residía en otra ciudad y empezamos a tener una relación a distancia. Como no podíamos vernos a menudo, hablábamos mucho por teléfono y eso nos ayudó a conocernos mejor.

Año y medio después ya estábamos casados y, a partir de ahí, mi vida dio un vuelco vertiginoso. Volví del viaje de novios embarazada y me encontraba fatal: no me gustaba cómo olía mi casa, aparecieron otros típicos síntomas de embarazo... Voy al médico y me dice que son gemelos: ¡lo que faltaba!

En esa época, era tal mi ansiedad que en cuanto salía del trabajo —a las seis y media o siete— me iba a casa de mis amigas o de mi familia, a descargar lo mal que lo estaba pasando. Fernando trabajaba en un banco y volvía a casa a las cuatro: una casa vacía, sin vida, sin la familia que hubiera deseado.

Un día llegué a las diez, después de cenar con amigas. Él me estaba esperando. Me sentó y me dijo:

—A ver, reina, nos hemos equivocado. Sabemos que nos hemos casado para toda la vida, pero no nos queremos y tienes dos hijos míos en tu tripa. ¿Qué vamos a hacer? Esto lo tenemos que sacar adelante.

Esa conversación fue un quiebre total, un hito en nuestro matrimonio. Hasta entonces, yo no había sido consciente de lo que estaba pasando. No me había dado cuenta de que había alguien esperándome en casa. Comprendí que mi malestar no era nada al lado de la soledad que estaba pasando mi marido: él había cambiado de ciudad, dejando familia y amigos para venirse conmigo, y cada tarde lo que encontraba eran paredes vacías.

Me puse a llorar, lo abracé y le dije sinceramente: «Perdóname».

Siempre fui de «yo puedo con todo», y desde ese momento tuve que aprender a dejarme cuidar. No le estaba dando ese espacio a él y tampoco yo estaba cuidando a mi marido. Él, por su parte, reconoció que no se daba cuenta de lo que físicamente me estaba sucediendo a mí.

Esa fue quizá la lección más importante de nuestra relación: nos cuesta dejarnos cuidar, para no preocupar al otro, pero tenemos que darnos cuenta de que podemos hacer crecer al otro permitiendo que nos cuide. Este entrenamiento es crucial, porque antes o después te van a tener que cuidar otros. No está mal irse entrenando en que te cuiden, por ti y por el favor que le estás haciendo al cuidador.

A los dos meses de tener los gemelos, me quedé embarazada de nuevo, pero ya habíamos hecho un aprendizaje. El «ahora te toca a ti» no funcionaba. Siempre desde tu perspectiva te parece que haces más que el otro, y hay millones de cosas que el otro hace y nadie las ve. Hacer cosas que nadie ve, cuidar al otro sin que él mismo se dé cuenta de que lo haces y recibir también sus atenciones con naturalidad tiene un impacto brutal: cada uno se siente cuidado, valorado.

Y esta ha sido nuestra conclusión: en el matrimonio, si te cuidas mutuamente, se crea una ternura entre los esposos que hace irrompible la unión. Te conoces, te sostienes, te adelantas, te ríes y lloras también. ¡Qué importante es que tus hijos aprendan a llorar y a reír ante lo que la vida les va poniendo por delante!

Que las crisis vendrán es un dato con el que tenemos que contar. Según expertos en mediación familiar, muchas veces aparecen provocadas por falta de autoconocimiento o de autoestima, exceso de perfeccionismo o pérdida de la confianza. Como nos compartían Paula y Fernando, los primeros síntomas de incomodidad nos indican que algo no va bien y es importante hacer caso a los indicadores emocionales que señalan que el corazón no arde como al principio o que hay interferencias en la comunicación y en la donación total. Algunas luces rojas nos las presenta Nacho Tornel en otro libro estupendo: *Enparejarte* (Planeta, 2016). Puestas en boca de unos esposos podrían sonar así: hablamos muy poco a solas de nuestras cosas; cuando hablamos, siento que no me escucha; estamos enfrascados en las pantallas; no me fío del todo de mi pareja; hacemos poca vida social; no nos damos muestras de afecto frecuentes; tenemos pocas relaciones íntimas; con frecuencia nos hablamos con reproche; a veces nos gritamos; hace mucho que no nos reímos juntos; busco estar a solas; alguna vez pienso en otra persona con cierta ilusión…

De este autor tomamos nueve consejos para blindar el amor conyugal. Vale la pena enumerarlos —parafraseándolos un poco— y tenerlos a mano: sois pareja, antes que padres: hay que cuidar esa relación, sacando tiempo de calidad para los dos; haz equipo con tu pareja; amar es servir: implica sentirse querido, pero mucho más querer y buscar expresamente el bien del otro; orden, para llegar a todo y crecer juntos; ante la familia de origen, respeta siempre a tu pareja y defiéndela; pasa tus relaciones sociales y aficiones por el filtro del otro, como hizo Paula con Fernando; mantén vivo vuestro proyecto familiar con aficiones e ilusiones comunes; interioriza dónde está tu felicidad y pon el trabajo en su sitio; cuida el equilibrio personal de cada uno, buscando la felicidad del otro, integrándola con la propia.

Hablando siempre de modo aproximado, de los cuarenta a los sesenta y cinco entramos en la etapa de la generatividad frente al estancamiento. Nos preguntamos si y cómo podemos hacer que nuestra vida cuente, aporte, sume al bien común. He encontrado en varios líderes de organizaciones el convencimiento de que la paternidad/maternidad es una de las experiencias más transformadoras de la edad adulta. Lleva a una reconfiguración de las prioridades, a importantes ajustes físicos, psicológicos y emocionales que proporcionan nuevas recompensas en la vida, pero encuentran también nuevos conflictos. La generatividad surge cuando convertirse en padres o madres, biológicos o sociológicos, lleva a una nueva real preocupación por el bien de los demás y hace surgir un compromiso de guiar a las nuevas generaciones. Esa fuerza natural desemboca en cuidados, en creatividad, en proyectos y nuevas ideas. Hablaremos más a fondo de este aspecto en el epígrafe sobre liderazgo cuidadoso, así que dejamos en suspenso el tema, por el momento, y avanzamos en nuestra línea del tiempo.

Cuando a partir de los sesenta y cinco años nos colocamos en una etapa en la que hay que encontrar un equilibrio entre la integridad y la desesperación, la vida nos llama a ser valientes y preguntarnos: «¿Ha valido la pena ser quien he sido, vivir como he vivido?». Mirándonos al espejo interior, y confrontándonos con personas que nos quieran bien, podremos afianzar nuestra integridad, reconocer e incorporar errores cometidos y vivir con esperanza los años siguientes. Podemos incluso compartir nuestra experiencia con un propósito vital: dejar un legado. Si, por el contrario, nos vemos con las manos vacías, sin logros profundos, sin vínculos estables, es más fácil que caigamos en la evasión o en la desesperación. Y esto nos presenta retos que merecen ser tratados con detenimiento.

¿Puede haber luz en un oscuro final?

Aún recuerdo el silencio que se hizo en la sala cuando en una sesión de cine de verano acabamos de ver la película *El padre* (2020), de Florian Zeller, con la magnífica interpretación de Anthony Hopkins como paciente de alzhéimer, que poco a poco va perdiendo su conexión espacio-temporal con la realidad. En las butacas cercanas tenía amigas que habían vivido en primera persona el impacto que la enfermedad produjo en sus padres y quizá en esos noventa y siete minutos de narración fílmica habían revivido la angustia por la distancia con sus seres queridos, la ruptura de comunicación con ellos, el desconcierto ante sus incoherencias y alucinaciones, las odiseas para encontrar cuidadores adecuados y seguir viviendo su vida…

En las últimas décadas, el avance del alzhéimer y otras enfermedades ha provocado que la demencia en ancianos sea más frecuente. ¿Quién no tiene un abuelo, un tío, un amigo con esta enfermedad? Yo sí, y doy fe de lo duro que es el momento en que ya no te reconocen y te quedas ahí, como Houston llamando a Marte, sin conexión, sin respuestas, como espectador mudo ante conductas inexplicables, repetitivas, insistentes, inabordables. Ver la regresión de quien te cuidó e infundió fortaleza para la vida a un estado de niñez o inmovilidad total produce un dolor tal que provoca una mezcla de compasión, miedo, ternura, ira, impotencia y ganas de evasión. Y es que, en el fondo, hemos de aprender a cuidar también en esa etapa.

En los ámbitos sociosanitarios se ha avanzado en la percepción de la importancia de los aspectos no médicos en la atención de las personas mayores, dependientes, enfermos con cuidados paliativos y pacientes hospitalarios. La atención centrada en la persona, por ejemplo, prioriza la dignidad y la autonomía de las personas mayores, sus fortalezas y su identidad, las involucra a ellas y a sus familias en la toma de decisiones. La empatía o la escucha activa son herramientas y actitudes que se usan habitualmente. Un ejemplo muy claro de esto es la terapia de la validación, desarrollada por la doctora Feil en Estados Unidos.

Naomi Feil es una conocida gerontóloga americana. Cuando tenía tan solo cuatro años, su familia huyó de la Alemania nazi y se instaló en Cleveland. Allí sus padres trabajaron en una residencia de ancianos y fueron profesionales pioneros de la rehabilitación. Ella se crio en ese entorno y con su experiencia de décadas desarrolló el método llamado «de validación» para trabajar de forma más específica con personas desorientadas. Se basa principalmente en la empatía con la persona con demencia, y defiende que es más positivo «entrar» en la realidad que el enfermo ve y siente como real que pretender que él entre en la nuestra. Ello hará que la persona se encuentre más tranquila, segura y que se reduzca la ansiedad. Hoy esta terapia se aplica en todo el mundo.

Feil parte de que todas las personas son únicas y tienen valor en sí mismas, sea cual sea su estado, y de que la conducta en la vejez no se basa solo en los cambios anatómicos cerebrales, sino también en una combinación de cambios físicos, sociales y psicológicos. Su método no busca cambiar a las personas —si ellas no quieren hacerlo—, sino acompañarlas.

Cuando falla la memoria reciente, los mayores tratan de restaurar el equilibrio de sus vidas al recuperar los recuerdos más antiguos, y estos, a menudo, aparecen mezclados y confusos. Con frecuencia no tendremos capacidad de saber si lo que narran sucedió o no, o si barajan recuerdos a partir de algún detonante actual, por eso Feil alerta a no pretender reconducir la conversación con los ancianos a la realidad o a no intentar distraer a la persona cuando lo que dice es repetitivo o irreal.

Me hubiera gustado saber esto para tratar mejor a mi abuela materna. Fue una abuela fascinante, que regaló momentos mágicos a mi infancia. Tuvo una educación centrada en el cultivo de las artes. Tocaba varios instrumentos y pintaba muy bien. Por lo menos cuando yo estaba en su casa, se levantaba muy temprano e instalaba su taller en la cocina, para concentrarse antes de que su marido y sus nietos o cualquier otro habitante disturbara su concentración. Me encantaba verla a hurtadillas, concentrarme en su manejo ágil del pincel y descubrir cómo diseñaba un mismo paisaje con diferentes tonalidades. Los cuadros terminados acaban regalados o colgados por todas las paredes, así que cada vez que iba a verla me adentraba en ese pequeño museo y me ensimismaba en sus obras. Pasados los años, me encontré de nuevo mirando así, con cariño y con cierta aprensión las manos de mi abuela. Ya no pintaban cuadros nuevos, sino que con dificultad coloreaban cuadernos de pintura para niños. Ella, tan habladora siempre, ya no podía articular muchas frases, pero seguía mostrando el cariño de costumbre. Generosa como era, en cuanto veía a sus nietos, buscaba algo de dinero para darnos, pero de pronto lo miraba fijamente y empezaba a gemir. Se imaginaba que los billetes disminuían de tamaño y no nos daba lo suficiente. Para tranquilizarla, insistíamos en que no, no; que todo estaba bien, que, que bla, bla, bla... No nos dábamos cuenta de que así aumentábamos su desconcierto y su ansiedad.

Feil explica que es muy probable que detrás de comportamientos atípicos, intensos o repetitivos haya asuntos pasados sin resolver o necesidades básicas por cubrir y, si logramos llegar hasta ahí, verdaderamente podremos ayudar. Piensa que los sentimientos dolorosos disminuyen si se expresan, se reconocen y se validan por un oyente, mientras que si se ignoran o reprimen adquieren fuerza. Por ejemplo, señala, si el anciano o anciana piensa que está en la escuela y que pronto su madre vendrá a recogerlo, los cuidadores y familiares que lo presencien no deben corregir esa creencia diciéndole que su madre falleció, pues entonces lo único que harán será hacerle revivir el luto por la muerte de una persona muy querida. En cambio, vale la pena reasegurar al anciano, para que se sienta feliz y seguro.

La experta americana propone hacer un esfuerzo de apertura a acoger los sentimientos y emociones intensos que expresa el otro a través de la ira o el desasosiego, validándolos y, desde ahí, en la medida de lo posible, llegar al reconocimiento de esos motivos profundos que pueden ser la raíz de su actitud. Por ejemplo, es importante descubrir el valor simbólico que algunos objetos o personas tienen para ellos o mantener conversaciones abiertas cuando hay aparente confusión de personas o hechos. Incluso en los casos más serios, cuando los comportamientos imitan los de los niños, insiste en respetar la dignidad del adulto y acompañarlo con lenguaje no verbal, mostrándole cercanía y afecto. Ese será el modo de entrar en su historia en el presente, sin intentar recuperar el pasado ni querer hacerlos volar hacia el futuro.

En la propuesta de Feil subyace una idea de fondo: toda persona es valiosa, independientemente de su grado de desorientación, y debe ser aceptada sin críticas. El hecho de que ahora cabecee, no hable o se quede con la mirada perdida no quita un ápice al valor de su existencia individual, con su entramado de relaciones familiares y laborales, sus alegrías y sus dolores a lo largo de una vida, sus logros y sus fracasos, su plenitud y su soledad actual.

Conocer su historia y experiencia es vital, porque puede ayudar a identificar las causas de esas emociones y proporcionarnos una llave que nos abra a su mundo interior. Feil demuestra en la práctica que la conexión con las personas aparentemente más desconectadas sigue siendo posible. Serán «encuentros en la tercera fase», pero encuentros reales, que aumentarán la confianza, reducirán la ansiedad y restaurarán la dignidad del enfermo, al tiempo que inyectan humanidad en quien interactúa con él.

¿CUÁNTO VALE UNA VIDA?

Toda persona es valiosa, nos dice la doctora Feil. ¿Pero podemos cuantificar los medios que es proporcionado poner para cuidarla y sostenerla? ¿Cuánto vale una vida?

La pregunta nos la planteó una vez más la vida misma, el 23 de junio de 2018, en una provincia de Tailandia, donde doce chicos adolescentes, miembros del equipo de fútbol Jabalíes Salvajes, se quedaron atrapados, junto a su entrenador en la gruta de Tham Luang. Las potentes lluvias torrenciales inundaron a una velocidad vertiginosa sus diez kilómetros de túneles, filtrándose por sus estrechos pasajes y llegando hasta sus más hondos recovecos.

Las trece bicicletas de los jóvenes, aparcadas en la entrada de la cueva, junto con botas de fútbol y algunas otras pertenencias, componían un enorme signo de interrogación: ¿cuánto valen estas trece vidas? O, dicho de otro modo, ¿qué estamos dispuestos a hacer para encontrar y recuperar estas trece jóvenes vidas?

La respuesta completa la encontramos diecisiete días después de la desaparición, encajando tres piezas: unas declaraciones del jefe de la operación de rescate, un tuit de los marines que intervinieron y las palabras pronunciadas por una viuda a raíz de un funeral. Vayamos por partes y, por ahora, retomemos el hilo de lo sucedido.

Todo comenzó el 23 de junio de 2018 por la noche, cuando los trece amigos no volvieron a sus casas. Las familias dieron el aviso a las autoridades y enseguida comenzó la búsqueda. La odisea fue digna de una película y, efectivamente, se filmó. La historia es suficientemente conocida como para detenernos aquí. La película *Trece vidas*, de Ron Howard (2022); el documental *The Rescue* (2021) —producido por National Geographic y Disney Plus—; la serie de seis capítulos ofrecida por Netflix: *Thai Cave Rescue* (2022) o libros como *The Boys in the Cave* (William Morrow, 2018) o *Thirteen Lessons that Saved Thirteen Lives: The Thai Cave Rescue* (Aurum, 2021) puedan aportar más datos sobre la aventura.

Aquí, como festivos *spoilers*, nos quedamos con el final feliz: el martes 10 de julio de ese mismo año, los titulares de los medios de comunicación conmocionaban al mundo al anunciar que, después de diecisiete días de angustia, el rescate terminaba con éxito total.

Y es entonces cuando encontramos las respuestas a nuestra pregunta inicial.

En un discurso del jefe del operativo —Narongsak Osotta-nakorn—, el esfuerzo de búsqueda y recuperación de los jóvenes fue descrito como un «equipo de Naciones Unidas». Tenía mucha razón: voluntarios, equipos y asistencia técnica de Reino Unido, China, Myanmar, Laos, Australia, Estados Unidos, Rusia, Finlandia, Suecia, Israel, Japón, Dinamarca, Bélgica, Ucrania, República Checa, Países Bajos y Alemania participaron en las operaciones de rescate.

Buzos e ingenieros, entre ellos Shigeki Miyake, especialista en drenaje de la Agencia Japonesa de Cooperación Internacional en Tailandia, colaboraron en los esfuerzos para bombear el agua fuera de la cueva.

Expertos del fabricante de bombas Kirloskar Brothers, de India, proporcionaron asesoramiento técnico sobre desagüe y bombas.

Seis buzos del Grupo de Respuesta Especializada de la Policía Federal Australiana (AFP), un buzo de la Armada, un miembro del Equipo Australiano de Asistencia Médica (AUSMAT) y funcionarios del Equipo de Respuesta a la Crisis del Departamento de Asuntos Exteriores y Comercio, hasta hacer un total de veinte australianos, intervinieron en la operación. El doctor Richard Harris, anestesista, formó parte del equipo médico que determinó la aptitud de los chicos para realizar el trayecto de cuatro kilómetros. Harris y su compañero de buceo, el veterinario jubilado Craig Challen (ambos especialistas en buceo en cuevas), desempeñaron un papel fundamental en el rescate. El Gobierno tailandés concedió a Harris inmunidad diplomática para protegerlo en caso de que algo saliera mal con la sedación.

Los habitantes de la zona acudieron como voluntarios a las inmediaciones del complejo de cuevas para cocinar para aquellos que trabajaban en las tareas de salvamento, limpiar la ropa de los buzos y trasladar a quien lo necesitara.

Desde el primer día, familiares, amigos, conciudadanos y otras muchas personas se reunieron ante la cueva para rezar por esas vidas.

Ante la gran cantidad de agentes que cooperaron de algún modo en el rescate, el último día los marines tuitearon: «No sabemos si esto es un milagro, ciencia o qué. Los trece Jabalíes Salvajes están ahora fuera de la cueva». Probablemente, todo tuvo mucho de oración, mucho de ciencia puesta al servicio del hombre, mucho de pericia profesional, mucho de filantropía, mucho de resiliencia de los chicos, mucho de casualidad/providencia, mucho de magnanimidad. Es decir, el rescate de estas vidas supuso un enorme derroche de cuidado humano y un flipante cuidado de Dios.

Tras el rescate, la alegría se esparció por el lugar, pero también recordaron a Saman Kunan, un ex Navy SEAL tailandés de treinta y ocho años de edad, que murió el 6 de julio, mientras llevaba suministros a los niños. Su tanque de oxígeno se terminó y él quedó inconsciente en su viaje de regreso. A pesar de que pudo ser llevado a la superficie, no hubo forma de reanimarlo. Fue honrado con funerales de Estado.

«Saman una vez dijo que no sabemos cuándo vamos a morir…, así que por eso necesitamos atesorar cada día», declaró entonces su mujer.

Así es como el desvelo de las familias, el despliegue internacional, el enorme número de voluntarios implicados y una vida ofrecida en el camino nos dan un indicio de cuánto valor tiene un ser humano cuando estamos dispuestos a invertir para mantenerlo con vida.

Lo curioso es que nuestras sociedades occidentales no siempre están dispuestas a «atesorar cada día», como nos pedía Saman, sino que más bien apuestan por acortar esos días si se vuelven dolorosos y pesados. Ofrecer la muerte como modo de cuidar cuando aún se pueden poner otros medios proporcionados para vivir tiene el atractivo de lo eficiente, lo barato y lo resolutivo, pero encierra también muchos riesgos para el ciudadano común y, al final, para la misma sociedad, que se puede volver eugenésica y destructora, casi sin darse cuenta.

La preocupación por cómo se procura hacer más fácil el *death care* que el *health care* y la pendiente resbaladiza a la que se está llegando con ciertas prácticas de eutanasia inquietan incluso a quienes se dedican a aplicarla a sus pacientes, convencidos de que proporcionan un dulce final. Así lo manifiesta, por ejemplo,

Madeline Li, una psiquiatra oncológica en University Health Network (UHN) de Toronto, Canadá. Para entender lo que la oprime, hay que dar un poco de contexto.

En 2016 el sistema de salud canadiense empezó su programa de asistencia para morir, llamado *Maid Assistance in Dying* (conocido como MAID). Inicialmente uno de los requisitos para poder acceder a la muerte asistida era estar en la fase terminal de una enfermedad. En 2021 la posibilidad de recibir el programa se amplió a enfermedades crónicas, aunque no fueran terminales, si de hecho eran intolerables e irreversibles. En 2024 está previsto extenderla a quienes sufren enfermedades mentales y recientemente se está estudiando el acceso a esta asistencia por parte de los menores de edad y discapacitados.

Además, en los últimos meses han aumentado las polémicas mediáticas por los testimonios de quienes, al solicitar ayudas variadas, han recibido la comunicación de que serían aceptados directamente para MAID. Es el caso de una atleta paralímpica que llevaba cinco años pidiendo una subvención económica para instalar una rampa en su domicilio, pues va en silla de ruedas: no solo no se le concedió esa ayuda, que le facilitaría vivir con dignidad, sino que se le ofreció asistencia para morir, si lo deseaba.

Diferentes testimonios han hecho ver que muchas personas que acuden al programa MAID lo hacen por no recibir otros tipos de subvenciones económicas o por el miedo a acabar viviendo en la calle. Un hombre de treinta y siete años, físicamente sano, afirmaba que había pedido esa asistencia porque estaba en peligro de perder su casa y temía quedar como un vagabundo hasta su muerte. Prefería acortar su vida, pues no encontraba ninguna otra salida y se hallaba sin incentivos para seguir viviendo o para aportar algo a la sociedad. Otro hombre de cincuenta y cuatro años declaró a la prensa que había pedido asistencia para morir porque no podía subsistir económicamente, pero no hubiera sido esa su primera opción. Gracias a Dios, muchos conciudadanos reaccionaron ante sus palabras y una campaña de GoFundMe le proporcionó la seguridad que necesitaba. Una mujer de treinta y dos años, en silla de ruedas y con sensibilidad química múltiple, solicitó la muerte asistida por la dificultad de encontrar una vivienda adecuada a su situación, tras siete años intentándolo. «Llegué a MAID esencialmente por mi extrema pobreza», contó a la cadena de televisión CTV News.

Escuchar todas estas voces y otras de sus pacientes fue lo que alertó a la doctora Li. Su propio departamento había diseñado y aplicado los protocolos de MAID para su hospital, pues el sesenta por ciento de los pacientes que acuden a su consulta fallecen en pocos años y a lo largo de ese camino recorrido junto a ellos, la doctora les ofrece la posibilidad de ayuda y cuidado psicológico, apoyo hasta que llega la muerte natural o asistencia para morir a través del programa oficial. Li no apreciaba diferencia entre una opción u otra: su único propósito era ayudar a sus pacientes. Sin embargo, los casos más recientes y las propuestas de ley para ampliar el acceso a MAID han empezado a provocarle serias dudas:

> En mi opinión, no deberíamos ofrecer MAID para enfermedades mentales, ni de modo más amplio, para enfermedades crónicas. (...) No pienso que la muerte tenga que ser la única solución ofrecida por la sociedad para todas las formas de sufrimiento. (...) Si alguien sufre principalmente porque no puede pagar su vivienda, ¿es de verdad la muerte la solución más apropiada? Si tú sufres porque no puedes pagar la medicación o por otros fallos de la estructura sanitaria, ¿es ese un motivo para que se te incluya en un programa de muerte asistida? En mi opinión, la solución sería una buena medicación para curar.

Aunque está dispuesta a aplicar la ley dejando de lado sus convicciones personales, los años de práctica profesional la han alertado sobre algunas cuestiones relevantes, pues ve cómo la puerta de MAID se ha ido abriendo cada vez más. «El programa original establecía —entre otros requisitos— que la muerte natural del paciente tenía que ser razonablemente previsible» para poder acudir a la asistida. En 2021, esta condición fue modificada en un caso judicial, que abrió la posibilidad a que personas con enfermedades serias y crónicas (no de duración permanente) pudieran acceder a MAID. En 2023 la ley estableció ampliar la aplicación del programa también a enfermos mentales. Esto traerá, seguramente, muchos dilemas, pues Li ya se ha encontrado con casos como el de una persona que llegó al hospital con un complejo historial médico y de salud mental, traumas significativos y vulnerabilidad psicológica. La clave de su situación no era, paradójicamente, el dolor, sino la soledad. «Le dije a este paciente que su muerte sería una gran pérdida para la sociedad, porque había contribuido positivamente y aún tenía mucho que ofrecer. En otras palabras, le ofrecí cuidado, que parecía significar mucho para esa persona».

El paciente estuvo conforme con vivir, sin embargo, la petición del tratamiento alternativo no fue aceptada:

> Hice todo lo que pude para que se le permitiera acceder a un programa de psicoterapia, pero no tuve éxito. Como tampoco se lo podía permitir privadamente, porque costaba miles de dólares, no hubo opción. Esto fue terriblemente estresante para mí a nivel ético: la persona quería un tratamiento, pero no podía disponer de él. Creo que sería una tragedia que este paciente adorable pidiera la muerte asistida. Hasta donde sé está ahora solicitando entrar en el programa y no tengo duda de que en cuanto presente su solicitud será seleccionada para recibirlo.

Esta misma preocupación moral por la muerte como salida fácil ante problemas que tendrían otras vías de solución se le presentó el día que un paciente joven, aquejado de un cáncer con un sesenta y cinco por ciento de posibilidades de curación, renunció al tratamiento y solicitó acogerse a MAID. Fue aceptado porque se consideró que su enfermedad no tenía remedio. Para Li, este caso supuso un dilema moral y profesional serio:

> No tratar un cáncer con una posibilidad tan alta de curación va en contra de los estándares médicos. Los sanitarios involucrados en este caso han tenido serios problemas éticos para aceptar esta petición. Esa persona me otorgó su consentimiento para que pudiera compartir su historia y buscar consejo, pero otros doctores vieron el caso de modo diferente a como lo veo yo. Ellos lo enten-

dieron como una expresión de autonomía personal, mientras a mí me parecía una distopía.

Llegado el momento, la propia Madeline le aplicó las inyecciones en una habitación llena de familiares y amigos. Ahora, sin embargo, le invade el remordimiento:

> Al principio no me arrepentí, pero cuando empecé a reflexionar más seriamente sobre todo este proceso, lamenté mucho haber acabado así con la vida de alguien joven y de un modo tan repentino. Me sentí impelida a hacerlo sin ni siquiera conocer al paciente. No tuve tiempo ni de mantener una conversación a fondo con él. No tuve ocasión de sentarlo y preguntarle: "¿Por qué no intentas esta terapia? Si va tan mal como tú crees, siempre podrás recurrir a MAID". La puesta en marcha del programa era aún tan reciente que todos estábamos más enfocados en la autonomía del paciente que en su bienestar completo. La ley actual no deja espacio a un juicio clínico ni señala que se tenga una conversación profunda e informada con el paciente. Si lo hiciera, esta persona estaría viva hoy.

Un tercer caso la hizo temer por la suerte de pacientes con enfermedades mentales. Una persona con depresión le preguntó cómo evaluaría MAID casos como el suyo. Li le respondió que habría que distinguir entre un deseo racional de morir y un deseo de morir provocado por la depresión. La respuesta fue: «¿Pero para qué querría morir si no fuera por la depresión?. Eso me dejó sin habla».

Para esta oncóloga canadiense, la ley que aplica la muerte asistida es un colador por el que se escurren vidas:

> El primer caso me produce mucho desasosiego. Tuve que luchar para no seguir a aquel paciente y decirle: espera, podemos aún estudiar tu caso; date un poco más de tiempo. No puedo hacer esto con cada enfermo y la sociedad no conseguirá prever todos los posibles casos y cubrir las lagunas de modo que cualquiera pueda acceder a los recursos médicos necesarios. La ley necesita desesperadamente otorgar un papel mayor a la perspectiva clínica. Actualmente, solicitar asistencia para morir no es más que una

cuestión de rellenar unas casillas de requerimientos legales: tienes que ser capaz de tomar tus propias decisiones, tener más de dieciocho años y presentar una grave e irremediable condición médica. Y más allá de esto, los asesores de MAID caen como paracaidistas en la vida del paciente; generalmente, no establecen con ellos una relación de larga duración.

El deseo de adelantar la muerte con frecuencia es sinónimo de otras preocupaciones: «Lo que me parece más crucial —continúa la doctora Li— es que la ley no le pide al médico que se siente con el paciente y tenga una conversación profunda sobre su deseo de morir y sobre qué factores sociales o societarios están jugando un papel importante en ese deseo». Más adelante insiste en que «se deberían poner medios para que tanto los médicos como los enfermos puedan afirmar con convicción que han hecho todos los intentos razonables de tratar la enfermedad antes de ofrecer la muerte como salida extrema».

Habrá quien diga que no es comparable la situación de chicos jóvenes que quieren vivir y se ven atrapados en una cueva con la de personas adultas, vulnerables, desesperadas, enfermas o con ahogos económicos insoportables.

La pregunta no es qué vida vale más, sino cuántos medios estamos dispuestos a poner como sociedad, como Estado, como legisladores, como profesionales de la medicina o como familiares para lograr que quien pudiera plantear como primera opción «quiero ser curado», tenga acceso a los tratamientos necesarios y razonables.

Y más allá de eso, qué cuidados y qué inversión de tiempo queremos emplear para que nadie acabe diciendo «prefiero morir» por miedo al sufrimiento, a la soledad o por sentirse una carga.

¿No deberíamos corregir nuestra mirada antropológica para hacer más fácil a cada uno afirmar: «Vale la pena vivir, porque mi vida cuenta» o «Mi vida, por maltrecha que pueda parecer, llena de humanidad y misericordia este mundo gélido»?

Esa respuesta no puede surgir del individuo solo; tiene que estar verdaderamente respaldada por todo el tejido social.

LA GRAN PARADOJA

Recordando el día de espera en la sala del hospital, he escrito que me sentía sana y fuerte, aunque mi cuerpo estaba en desacuerdo y no tardó en imponerme su opinión. Una tarde, como hacía habitualmente, salí de casa con la intención de dar una larga caminata a buen paso, disfrutar de la vegetación de un parque vecino y relajar la mente. Había calculado estar fuera una hora o más, pero pasados quince minutos los pulmones y las piernas dijeron no. La voluntad quería tirar, como si el solo hecho de querer pudiera ponerme en movimiento otra vez, pero el cuerpo insistía en su negativa. Así que tuve que regresar muy lentamente y pasar el resto de la tarde sentada en un sillón, firmando con mi cuerpo una rendición y tratado de paz. Estaba claro que la etapa de los maratones y las carreras había concluido. ¿Sería el momento de aprender a jugar ajedrez y enfrentarme por fin a mi padre, todo un campeón?

Es curioso cómo, en la enfermedad, ese cuerpo que antes pasaba inadvertido, por funcionar en automático, adquiere protagonismo conforme avanza el mal o se dejan sentir los efectos de la terapia. De repente descubres manchas en la piel; reparas en un lunar que puede ser sospechoso; notas el pulso de manera más consciente; por las noches no te deja dormir el latir de tu propio corazón, que se acelera; la lengua distorsiona los sabores, dando a todo una pizca de metalización; las extremidades se vuelven de corcho; hinchazones por aquí y por allá.

También esta retahíla de cuadros impresionistas pintados en cada cuerpo por la enfermedad fue materia de muchos diálogos con otras pacientes en las largas horas de las salas de espera. Qué síntomas notamos, cómo los interpretamos y cómo aprendemos a integrar esa nueva característica, qué nos ayuda y qué no. Hay fases en las que estamos como perdidos y desorientados ante nuestro propio cuerpo, que de pronto se ha vuelto un extraño. Para entender su nuevo lenguaje y para aprender qué nuevos cuidados necesita, precisamos de un traductor: la guía del personal médico, la experiencia de otros pacientes, el tacto reconfortarte de las enfermeras, que infunde tranquilidad.

Se me ha quedado impreso un recuerdo del día que me operaron para introducir un catéter cardiovascular. Me habían dicho que sería una operación sencilla, pero tiene su grado de incomodidad. Como la anestesia es solo local, sigues los movimientos del médico, mientras trata de introducir con fuerza algo cada vez más cerca de tu corazón. No se puede evitar la preocupación. El médico trajinaba sin control: abría, cosía, miraba la pantalla del monitor. La enfermera se dedicó a una sola cosa, para mí crucial: apretarme cariñosamente el brazo izquierdo, transmitiéndome un mensaje claro y continuo: «Tranquila, todo va bien».

Por todo esto, en periodos de convalecencia caes más en la cuenta de que la experiencia sobre nosotros mismos, con el otro, con el mundo que nos rodea, es en cuanto cuerpos vivos, que necesitan y se apoyan en otros cuerpos vivos para ir adelante.

Está claro que nacemos, vivimos y morimos interdependientes, consecuencia de la corporalidad que define nuestra identidad y nuestro desarrollo. Como hemos visto en toda esta parte del libro, maduramos gracias a los demás, y los demás también crecen mientras nos ayudan a madurar y permiten a su vez que los cuiden. Esa necesidad del otro con su espíritu, alma y cuerpo en nuestra propia vida, no solo es identitaria, sino que es la clave de la enorme valía de nuestra humanidad. De algún modo, la gratuidad con que hemos de ser cuidados desde el momento en que nacemos hace surgir en nuestros conciudadanos un principio de responsabilidad de cuidarnos y fortalecernos, de hacernos florecer, de proporcionarnos la suficiente autonomía en cada etapa de la vida y asistirnos también en las fragilidades propias de cada recodo del camino.

Para construir nuestra vida humana digna, no basta considerar la dimensión de la autonomía personal; a esta hay que sumarle la de interdependencia y vulnerabilidad. La persona no es un átomo desencarnado, que con su solo pensar y querer se construye a sí misma y decide su destino.

En nuestra maduración y en cada decisión, estamos marcados —como dice el filósofo británico Roger Scruton— por las alegrías y los sufrimientos de quienes nos hacen un sitio en el mundo: disfrutamos de su protección en los años jóvenes y de oportunidades que otros nos abran en la edad adulta. Además, no pocas veces nuestros límites y fragilidades, si son acogidos e incluidos por los demás, dan lugar a soluciones novedosas (como semáforos que suenan cuando se activa la luz verde, permitiendo caminar a quien no ve), a mejoras en nuestras ciudades (con incorporación de rampas y otras facilidades para permitir la viabilidad de todos), a manifestaciones artísticas más ricas (las piezas musicales del sordo Beethoven), a eventos deportivos inimaginables (las paraolimpiadas, por ejemplo). Se multiplican las ofertas de alimentos cocinados sin gluten (helado, *pizza*, bizcochos). Todo nos muestra que nos percibimos como seres corpóreos vivientes con potencialidades y límites diversos, que nos llaman a una continua solidaridad creativa.

Sin embargo, precisamente en el ámbito biomédico, donde con más relieve debería mostrarse la importancia de la corporeidad y la necesidad del apoyo de nuestra comunidad, las leyes que se diseñan pretenden que seamos átomos desencarnados, anclados en el instante. En momentos de máxima debilidad, la ley quiere apoyarse de un modo exclusivo en una supuesta plena lucidez y capacidad decisoria extremadamente individualista. Ahí muchas veces no cuentan pareceres médicos más amplios y profundos que los relativos a un síntoma concreto; no se indaga en los factores psicosociológicos que nos pueden estar afectando; el sentimiento presente del enfermo ante un diagnóstico y sus posibles consecuencias se convierten en un deseo firme, que se traduce en necesidad, y sucesivamente en derecho supremo e inapelable.

Lo señala con agudeza Carter Snead, profesor de Derecho en la Universidad de Notre Dame. En su libro *What It Means to Be Human: The Case for the Body in Public Bioethics* (Harvard University Press, 2022), analiza cómo la legislación estadounidense que toca aspectos en los que la corporalidad es más visible, a menudo aplica principios que precisamente olvidan esta realidad fundamental. Al legislar sobre temas como procreación, embarazo, bebés, enfermedades debilitantes, lesiones devastadoras, participantes desesperados en ensayos clínicos, pacientes asustados, discapacitados, ancianos y moribundos, se debería tener en cuenta que se trata de los momentos de la vida en que entran en juego realidades como vulnerabilidad humana, dependencia, fragilidad y finitud, y, sin embargo, no es así. Efectivamente, las leyes y sentencias deciden sobre temas íntimos y esenciales como el significado de la paternidad y la maternidad, las obligaciones hacia los hijos y nuestros mayores, las necesidades de los enfermos y discapacitados, nuestra libertad, nuestro desarrollo personal, la concepción de uno mismo, o los límites de la comunidad legal o moral, pero lo hacen de tal modo que el cuerpo propio y el ajeno se convierten en obstáculos que hay que superar. Lo que cuenta es un yo desencarnado que elige en el instante, un yo independiente, libre y solitario, que percibe su vulnerabilidad como algo que hay que erradicar.

En esta visión, «la unidad fundamental de realidad humana es la persona individual, considerada como separada y distinta de la manera en que está o no incrustada en un entramado de relaciones sociales», explica Snead. Si solamente nos define lo que pensamos y lo que queremos, «el cuerpo es tratado como un instrumento contingente para perseguir los proyectos que emergen del conocimiento y la elección». Entonces, lo importante es que yo pueda elegir aquí y ahora, atendiendo a cómo me autocomprendo y lo que deseo en este instante. Salvaguardar esta posibilidad de elección abierta parece ser el objetivo de oro de las leyes que permiten el aborto desinformado y por decisión exclusiva de la mujer o la posibilidad de que adolescentes decidan someterse a tratamientos para un cambio de sexo, sin atender a más motivos que su propia autodefinición, etc., etc.

La autonomía y las capacidades intelectuales son grandes valores humanos, pero no los únicos. Solo por ellas no se llega a un desarrollo completo de la persona; y contando exclusivamente con ellas se pueden volver opacas otras realidades humanas hasta acabar por no reconocer la dignidad del otro en la vulnerabilidad o en la dependencia.

Si la vulnerabilidad es parte de nuestra identidad, nuestra libertad ha de tenerla en cuenta a la hora de autocomprendernos, pensar en nuestro desarrollo, enfrentarnos a la vida, saber integrar el dolor con un marco de sentido y afrontar el momento de la muerte. Si prescindimos de esta faceta, estamos abocados al descarte social o al autodescarte.

Cuando no se considera la vulnerabilidad como identitaria del ser humano, las respuestas a los grandes dilemas son pobres, parciales y letales. Ante el desconcierto por un embarazo no deseado, la ley solamente ofrece acabar con el cuerpo extraño. Ante la angustia de la infertilidad, la libertad de crear y seleccionar un bebé a cualquier precio. Cuando se trata de mantener en vida a una persona incapacitada, se atiene al deseo de que la dejen sola y otro decida. Ante una enfermedad terminal, se propone el derecho a autoeliminarse.

¿Puede un Estado dejar en manos de cada ciudadano, en su momento más crítico y vulnerable, decidir qué vida vale y cuál no (aunque se trate de un juicio sobre la propia)? Si se abre esa puerta, también el propio Estado se arrogará el derecho de decidir lo mismo en algunas ocasiones. Por ejemplo, el capítulo en que Snead dedica a los orígenes de la bioética en su país muestra cómo algunas situaciones que impulsaron a legisladores a intervenir se justificaron por un fin útil, partiendo de la supremacía intelectual y la voluntad de dominio de los científicos y ocultando la explotación de los cuerpos de otros, deshumanizados. Se funcionó así, por citar algunos casos, al inocular el virus de la hepatitis a niños discapacitados intelectualmente; al estudiar la sífilis en ciudadanos afroamericanos de zonas deprimidas sin darles información ni tratamiento o al decidir abrir la caja torácica para examinar el corazón de criaturas recién abortadas, pero todavía vivas.

Si el único principio ético sobre el que se apoya nuestra sociedad es el de autonomía, desligándola de relaciones provenientes de la corporalidad y de las obligaciones generadas por esas relaciones, entonces cada uno de nosotros queda desprotegido. Entramos en la competición de que sobreviva el más fuerte y nos podemos aplicar personalmente con demasiada frecuencia la sentencia de una conocida novela de Julia Navarro: «Hay momentos en la vida en que la única manera de salvarse a uno mismo es muriendo o matando».

Pero antes de apretar el gatillo para salvarnos del sufrimiento, ¿intentamos comprender un poco más a fondo el dolor?

Ese incómodo pero valioso compañero de viaje

Lo confieso. Después de leer varios libros suyos, escuchar también varias conferencias y seguir la publicación de sus artículos, resulta que no acabo de aprenderme su nombre: Byung-Chul Han. Lo he pronunciado ya con infinitud de combinaciones de sílabas y sonidos, y a pesar de imponerme reglas nemotécnicas, si dejo de hablar de él durante un tiempo largo, de nuevo se me desordenan estas tres sencillas palabras. Será la edad.

Ya hemos hablado de este profesor, y sus agudas intuiciones nos acompañarán en otros capítulos del libro. Ahora sale a colación porque el llanto desconsolado de una paciente de veinticinco años, a la que acababan de diagnosticarle un tumor, me animó a hojear otro de sus ensayos. A decir verdad, no fue tanto el llanto de la paciente, como la desesperación de su oncólogo, que no lograba sembrar en ella un poco de paz. Además de ofrecerle diferentes consideraciones, había recurrido al capellán del hospital para que le hablara también, y él me pidió oraciones y, si la tenía, alguna idea que pudiera ayudar.

Desde que lo supe, empecé a rezar por esa chica. Un cristiano tiene la ventaja de conocer el significado trascendente del sufrimiento y de saber cómo darle un sentido purificador y salvador, que habilita para abrazarlo con serenidad y esperanza, sabiendo que puede ser una fuente de muchos beneficios para uno mismo y para los demás. Pero aparte de las razones que da la fe, decidí ahondar un poco más en el tema y llevarme a una de las sesiones de quimioterapia un ensayo de este autor: *La sociedad paliativa* (Herder, 2022). Al final, cinco horas son muchas horas, y da tiempo a comer, rezar, leer y reflexionar, y hasta dormir un poco. La finalidad de este epígrafe no es más que la de compartir lo que aprendí en esa larga mañana en el hospital.

«Nuestra relación con el dolor revela la sociedad en que vivimos», fue una de las primeras frases que leí. Y no pude evitar levantar la cabeza para mirar uno a uno a mis compañeros y compañeras de sala. Mes a mes los iba viendo, serenos, sonrientes, educados, entregados con paciencia a sus tratamientos; avanzando en su lista de sesiones. También me fijé en las enfermeras, continuamente atentas, infatigables, llamándonos siempre por nuestros nombres, infundiéndonos ánimo y alegría, de vez en cuando distribuyendo por sorpresa algún dulce que les habían regalado. Me recordaban a los fans que se colocan entre el público en una carrera para animar a su corredor favorito.

Me dio la sensación de que, al menos en esa sala 1, había una buena o, en todo caso, una pacífica relación con el dolor.

Pero no es lo más habitual. Seguí leyendo y tuve que dar la razón a Byung-Chul Han: en general, tendemos a evitar el dolor. En buena medida, se nos educa para rehuir del conflicto, para huir del dolor, y eso nos lleva a buscar anestesia permanente. El dolor manifiesta una debilidad que no encaja en nuestra cultura de la complacencia. No aspiramos al bien, sino a sentirnos siempre bien, y eso es un imposible, porque, para empezar, nuestros cuerpos —algo *tan pegado a nosotros mismos*— resultan ser materiales, caducos, lastimables y hasta duelen: ¡vaya, por Dios!

Además, vivir a lo humano es sufrir en nosotros el impacto con los otros. La vida que rechaza el dolor es una vida cosificada: solo las cosas inertes no sienten. Y como no podemos evitar esa colisión cotidiana, pretendemos que sea de baja intensidad, un contacto anestesiado, sutil y discreto. Nos conformamos con cuerpos productivos y hedonistas, no entregados ni abiertos a la novedad invasiva del otro.

Nuestra sociedad consumista vende la felicidad y comercializa el dolor. Nos incita a movernos en el horizonte del bienestar individual, sin cuestionarnos los dolores sociales. Nos llama y ofrece medios para mejorar el ánimo individual, pero no busca hacer progresar la sociedad a base de generar bienes comunes. En los momentos clave, no nos considera parte de una trama social que nos puede sostener y mejorar, sino que lanza sobre los hombros de cada uno la responsabilidad de ser felices a base de sucumbir a nuestros propios deseos, sin ayudarnos a someterlos a crítica, sin apoyarnos cuando esos deseos nos esclavizan.

Poco a poco, a base de permisividad, de ruptura con la verdad y de flojera general, estamos perdiendo el arte de padecer el dolor. A base de buscar el bienestar en solitario, no tenemos más remedio que aguantar los dolores en solitario también, y así se multiplican y amplifican los sufrimientos, porque nos falta el efecto saludable de la mano del otro, como la de la enfermera apretando mi brazo en el quirófano del ambulatorio. No hay quien pueda decirnos: «Tranquila, resiste un poco más, todo va bien».

El dolor carente de sentido se instala en una vida carente de sentido. Si la sociedad me deja a la deriva, si no me da marcos de comprensión más amplios que mi propio bienestar, me condena a la desesperación o me aboca al suicidio.

La pandemia de la COVID-19 nos ha conmocionado introduciendo el sufrimiento de golpe en el guion, sin dejarnos más salida que dos posibles actitudes: mirar la negatividad a la cara y aprender el arte de dominar el dolor, integrándolo en el vivir y vadeándolo todo lo posible; o apartar la mirada de ese dolor, encerrándonos en refugios seguros, sin asumir el mínimo riesgo de contagio, llevándonos, en los casos más extremos, a una muerte en vida.

La sociedad consumista quiere acabar con el dolor a base de consumo de placer. La sociedad cientificista quiere que el dolor desaparezca totalmente llevándonos a una vida indolora e inmortal, y por eso, inhumana. La sociedad economicista nos convence de que no es rentable invertir en paliar graves sufrimientos. Más vale invertir en cuerpos perfectos —nos grita— que esforzarnos por mantener en vida la imperfección improductiva. La sociedad relativista se concentra en la autonomía individual: haz con tu dolor lo que quieras; para eso es tuyo, faltaría más. Si puedes pagar cuidados paliativos o costosos tratamientos, adelante; si no, el Estado te puede subvencionar autopistas hacia la muerte. Si tu deseo es uno concreto, cúmplelo, sin pararte a considerar consecuencias, sin detenerte en oprimentes obligaciones adquiridas, sin mirarte como ser en relación. Importas tú, tú y tú, y nada más que tú.

Una sociedad que quiera descartar totalmente el dolor será una sociedad que desprecie parte de su humanidad, porque olvida que los hombres y las mujeres somos una amalgama de amor forjado en el dolor. La verdad de nuestra vida, nuestra íntima identidad se abre paso y florece en el mundo gracias al amor y al dolor que constituyen nuestra felicidad imperfecta y doliente, pero real. Mucho amor puede con grandes dolores. Grandes dolores fecundan y hacen grandes y sinceros los amores. La proporción de amor y dolor que me reserva la vida es en parte don y tarea, no solo mía, sino de toda mi comunidad, que, con el don gratuito, el diálogo sincero y el cuidado incondicional puede sostenerme en el vivir feliz y pleno desde el principio hasta el final.

El dolor que irrumpe en cada biografía, y en cada etapa de la historia, pone en jaque todas nuestras referencias de sentido y reordena nuestras prioridades. Sin dolor reflexionado, asumido, digerido, convertido en experiencia compartida, no hay cambio hacia lo nuevo, no hay revolución ni avances significativos en la humanidad.

Por eso cada paciente de mi sala, que ha aprendido a bailar abrazado al dolor, me parece esta mañana, al final de mi lectura, un gigante para la historia, alguien sabio con quien contar, un humano cargado de pasión para hacer cosas nuevas o las mismas cosas de modo nuevo.

Y para los médicos, las enfermeras, los voluntarios, los capellanes, nuestras familias, y todos los que en estos momentos nos cuidan, me resuena dentro un gran aplauso interior.

¡Qué ciega es una sociedad que no aprende a cuidar de sus cuidadores! Eso sí debería ser una prioridad.

Rosa, ¿apretamos el botón nuclear?

CAPÍTULO 4

DESDE TODAS LAS PROFESIONES

Probablemente fue en marzo cuando me enteré de que mi oncóloga, italiana, estaba casada con un español. No recuerdo a cuento de qué salió este tema, pero el caso es que se me hizo la luz y le pregunté si entendía el castellano, porque querría regalarle un libro. Me aseguró que lo que no entendiera ella se lo podría traducir su esposo, así que en la cita del 9 de abril aparecí en la consulta con un ejemplar de *Mujeres brújula en un bosque de retos*. La dedicatoria me salió de un tirón: «Quando la malattia capovolge la vita di qualcuno, non ci si puó rialzare senza orientamento. L'oncologo diventa sicuramente una bussola che al di lá di riparare il corpo può rifare l'intera persona» Traducida libremente, podría leerse: «Cuando la enfermedad tira por tierra tu vida, no puedes volver a levantarte sin contar con orientación. El oncólogo se convierte entonces en una brújula que, más allá de reparar el cuerpo, puede rehacer la persona entera».

Confieso abiertamente que cuando la escribí no era para nada consciente del significado profundo de lo que estaba poniendo. Presumo que se me impuso la intuición de que si las relaciones de cuidado se reducen a relaciones de meros roles (médico, enfermo, por ejemplo) se deshumanizan y resecan, o al menos, resultan a todas luces pobres, porque cada persona merece un exceso de cuidados que la acojan como una totalidad y se abran también a la aportación que la persona cuidada hará a esa relación particular. Sin embargo, solo después de meses de introducirme en el universo hospitalario, de coincidir con hileras de enfermos y familiares en las salas de espera de las más diversas pruebas, y de pasar de mano en mano de muy distintos profesionales de la salud, me fui haciendo una idea de qué significa y qué no cuidar de un modo integral, desde la propia profesión.

Cuidar no es solo sanar, ya lo hemos visto, pero es cierto que la ética del cuidado y los valores del cuidar han sido reclamo primero de los profesionales de la salud y, en particular, de la ciencia de la enfermería. Escojo este contexto para explorar en qué sentido se puede servir y cuidar desde cualquier profesión, pues, en el fondo, cada trabajo, si es noble y honesto, tiene como razón última cuidar a la persona en una cierta dimensión o bajo un determinado aspecto.

UNA PRIORIDAD ABSOLUTA: CUIDAR Y VALORAR A LOS QUE CUIDAN

Las profesiones del cuidado o del servicio son eminentemente prácticas y por dirigirse a las personas concretas —las de hoy y ahora, con sus peculiaridades específicas, sus gustos o disgustos, etc.— necesitan un aprendizaje continuo, un permanente ensayo-error-acierto, para captar cómo se debe atender a cada sujeto. Además del aprendizaje específico necesario para desarrollar el puesto profesional, también es adecuado desarrollar actitudes, hábitos, virtudes, valores y disposiciones psicológicas que ayuden a establecer relaciones sanas de cuidado.

Es un sector en crisis, con condiciones laborales y salariales que no están a la altura del impacto benéfico que representan para la sociedad. En España, se estima que el ochenta por ciento de los cuidadores no son profesionales, y esto redunda en una mala o nula atención a quienes lo necesitan. Creo que todos tenemos experiencias de cómo un buen cuidador puede hacer de la enfermedad una etapa mucho más llevadera o viceversa. Pero vista en frío, la perspectiva para este sector es crítica, con un envejecimiento de la pirámide poblacional que generará aún mayores retos sociales y económicos, que obligan a repensar el modelo si queremos evitar una catástrofe.

Al mismo tiempo, se nos presenta una gran oportunidad de fomentar empleo y aportar soluciones creativas. En la investigación sobre este tema, me topé con la empresa Familiados, una plataforma que ayuda a encontrar y contratar cuidadores de niños, ancianos o enfermos. No es solo un directorio o un lugar de conexiones: la misma empresa verifica y valora a los profesionales asociados, y ofrece recursos de capacitación, investigación y acompañamiento. Buscan profesionalizar las tareas del cuidado y eso me pareció muy atractivo. No puedo estar más de acuerdo con lo que establecen en su credo:

- Cuidar es una de las labores clave que se realizan en la sociedad. Quizá la más importante.
- La labor de cuidar nos compete a todos. Y aquellas personas que hacen de esa ocupación su profesión son miembros clave de nuestra sociedad, y deben ser cuidadas, reconocidas y retribuidas como tales.
- Un modelo de cuidados mejor, más inclusivo, menos intrusivo, más flexible, con mayor confianza y más humanidad, es posible, necesario y asequible.
- Los cuidados de calidad deben estar al alcance de todas las personas.

Me pareció tan sencilla y genial la idea que decidí indagar en quién la había tenido y qué le había movido a poner en marcha una *start-up* de este tipo. Me satisfizo saber que sus fundadores, Ernesto Bravo y Roberto López, son antiguos alumnos del IESE, la Escuela de Negocios de la Universidad de Navarra. ¿Qué movió a estos empresarios a transitar un camino que solo otorgará resultados a largo plazo? ¿Cómo se atrevieron a liderar una empresa que no solo busca beneficios económicos, sino, principalmente, instalar un cambio cultural?

Entrevisté a Ernesto por videollamada. Simpático, jovial, muy claro en sus expresiones. Me contó que esta empresa, como tantas otras, surgió de una experiencia personal. Quien ahora es su socio —Roberto— tenía a un familiar en el hospital y necesitaba a alguien que lo cuidara. Como se trata de una actividad muy poco regulada, se encontró con las típicas barreras: no saber dónde buscar, dar con listas de nombres para los que no había referencias, tener que hacer varias llamadas y citas hasta hallar una persona adecuada que transmitiera confianza y estuviera disponible. Mientras le oía, recordaba las odiseas continuas para encontrar nuevos cuidadores para mi padre en las diferentes etapas de su ancianidad, hospitalizaciones, citas médicas muy seguidas... Eran siempre momentos tensos de carreras contrarreloj, reajustes en los horarios laborales y recálculos económicos. La misma lucha veía alrededor: en primos para cuidar a mis tíos, en amigas para ocuparse de sus padres, en mi propia doctora, que para estar junto a su padre moribundo necesitó la ayuda generosa de todos sus colegas para reorganizar las guardias. «Todo sería mucho más fácil si pudiéramos sacar el móvil y buscar, como cuando necesitamos un ingeniero, un arquitecto o un hotel», pensaron Ernesto y Roberto. Y de ahí surgió una empresa en la que se publican cuatro mil ofertas de empleo de cuidado al mes, donde se monitorea el sector y desde donde se impulsa un verdadero y profundo cambio social.

Cuidar es algo inherente al ser humano, se ha visto en todas las sociedades a lo largo del tiempo. A niveles básicos, cualquiera puede aprender a hacerlo, y tarde o temprano todos lo necesitamos, pero en Familiados insisten en el concepto de que la autonomía es solo una etapa de la vida. Por más que para la gran mayoría pueda parecer algo ordinario y permanente, en realidad no es así, ya que al comienzo nadie es autónomo y al final, generalmente, tampoco. En distintos momentos de la vida, esta autonomía se pierde por diferentes motivos. «Por lo tanto, teniendo en cuenta que todos vamos a volver a perder nuestra autonomía, y que no éramos autónomos cuando nacimos, al hablar de cuidados nos referimos a cómo queremos que nos cuiden a nosotros. Porque siempre parece que la gente mayor es *otra*, que los no autónomos son *otros*, y que los discapacitados son *otros*. Pero no es verdad; somos nosotros en algún momento de la vida. Se trata de cómo queremos que nos cuiden en el futuro».

Ernesto habla de Familiados como de un «proyecto transformador» y sus objetivos son ambiciosos. Por una parte, quieren sacar a la superficie un problema inevitable: quién cuidará de toda la gente que lo necesitará en una sociedad cada vez más envejecida y longeva. Luego, tienen un caballo de batalla: el de los profesionales del cuidado. En este punto, del otro lado de la pantalla su tono de voz se torna firme, «¿Cómo vamos a conseguir entender que esto es una profesión?», pregunta de modo retórico y apasionado. «Son gente que se dedica a cuidar, que es algo que hay que hacer, y también, lógicamente, tienen que ser reconocidos y tienen que cobrar, tener seguridad social; tienen que tener pensiones… Hay que conseguir profesionalizar la labor de cuidar, como el resto de las labores necesarias para la sociedad. Da igual que sean cuidadores formales o informales», declara.

A lo largo de la conversación menciona un tercer objetivo, de más largo alcance: lograr un cambio cultural, para llegar al modelo de cuidados que se han propuesto como misión: más inclusivo, menos intrusivo, más flexible, con mayor confianza y más humanidad. La meta es alta, pero estos corredores no parecen asustarse. Cuando lo interrogo por el miedo al desaliento, Ernesto aclara que, si no llegara a una transformación social, su propuesta no tendría sentido. «Por el camino, intentamos adoptar los *baby steps* que nos permitan llegar hasta allí, pero si me preguntas cuándo habrá llegado el cambio, será cuando hayamos transformado las cosas a nuestro alrededor. Y, antes, durante o como consecuencia de eso, cuando se modifique nuestra "mirada" sobre lo que supone el cuidado, la dignidad de todos los trabajos y la valía de los cuidadores».

No puedo evitar preguntarle por la pandemia, y si ha contribuido a impulsar esta nueva mirada hacia los cuidados. Él cree que, en parte, sí, pues ha catapultado a que muchas cosas salgan a la luz y ahora haya mayor conciencia de que se necesita un cambio. Trae al presente las historias de abuelos abandonados en residencias tras la llegada de la COVID y cómo eso ha despertado un deseo de no repetir esas injusticias. «Creo que ahora hay una intención de ir hacia allí, pero en mi opinión va a haber que trabajar bastante para llegar a la meta (…). Al menos, diría que hay *awareness*, más conciencia social. Pero no sé si entendemos aún la magnitud del trabajo que hay que hacer, porque, al final, es un trabajo de cuidar todos los días a ocho millones de personas en España —de los cuales cinco millones son niños, y otros tres son adultos— y eso solo va a seguir creciendo. Es un tema complejo».

Desde luego, es un tema complejo y al mismo tiempo es una gran oportunidad, porque se crearán miles de puestos de trabajo. Luis Alberto Barriga, director general del Instituto de Mayores y Servicios Sociales de España, estimó que para el año 2040 se van a necesitar unos doscientos noventa mil profesionales más en el sector de los cuidados, lo que implica que se duplicarán los empleos en este ámbito. También se proyecta que, por cada millón de euros de inversión pública en estos temas, se ganarán treinta y cinco empleos directos, estables y no deslocalizables, algo que no se registra en ningún otro sector.

El camino es largo, y Ernesto lo sabe. También cuenta con las dificultades propias de un proyecto de este tipo (como, por ejemplo, conseguir inversores), pero asegura que les va bien y que en el trayecto pueden hacer un buen negocio. «El camino en sí ya merecía la pena», subraya. Luego señala como indicio de éxito el hecho de que en su empresa hay poca rotación de personal, porque «a la gente le gusta el propósito del proyecto, le aporta algo más que estar vendiendo zapatillas de deporte por Internet». Y en su caso, ¿por qué impulsar algo nuevo?, ¿por qué involucrarse en algo que, por muy inspirador que suene, tiene su cuota de riesgo y de desafío?, le interrogaba yo. Ernesto lo tiene claro: «Hay proyectos por los que estás dispuesto a cobrar la mitad y hay proyectos que no estás dispuesto a hacer ni por el doble, ¿no? Yo creo que este merece la pena porque es un proyecto transformador de una realidad que en la sociedad es un problemón y nosotros tenemos capacidad transformadora (…). Pero sí, hay caminos mucho más fáciles de hacer dinero. La cuestión es para qué estamos en el mundo».

Antes de despedirnos, le pregunto cómo cree él que se puede llevar esta cultura del cuidado hacia otros ámbitos, hacia otros trabajos. «El foco de todo está en las personas», me dice. A su modo de ver, podemos hacer más por comprendernos unos a otros, sabiendo que somos diferentes y que tenemos que decidir convivir, dando a los demás lo que queremos para nosotros mismos. «Las cosas serían distintas si las hiciéramos como si fueran para nosotros mismos o para nuestros hijos, si las huellas que dejamos a los demás son las que querríamos dejar a nuestros descendientes».

¿De qué descendientes hablamos?

La pregunta es fuerte, pero necesaria, cuando las familias se reducen y la esperanza de vida se amplía. En España las mujeres retrasan, en promedio, 5,2 años el momento en que desearían tener hijos, y el motivo principal es el trabajo o la falta de conciliación familiar, personal y laboral. De acuerdo con una reciente encuesta del INE, dan prioridad a la carrera, movidas por el miedo de perder experiencia profesional y alejarse de un sistema que premia la permanencia y la continuidad en el mercado. Lo trágico es que el deseo de ampliar la familia no desaparece, sino que se posterga, y en algunos casos se elimina por la fuerza de la realidad. Otro dato en la misma línea: siete de cada diez madres hubieran tenido más hijos, de haber contado con medidas que permitieran adaptar su jornada sin penalizar su salario. Aunque estos datos son de España, se puede decir algo similar de otros países occidentales.

¿Y qué medidas económicas proponen los Estados frente a esto, cuando, además, se tiene una tasa de natalidad inferior a la de reemplazo? Las propuestas son variadas: desde salario familiar o *bonus* por nuevo hijo, como en el caso de los países nórdicos; la asignación de un salario familiar, en el caso de Francia, u otras, como las únicas previstas en España hasta junio de 2023 y que resultaban a todas luces insuficientes: ayuda de cien euros para padres con hijos o hijas entre cero y tres años; subida de las familias monoparentales con dos hijos a la categoría de familias numerosas; una semana de cuidado retribuido para cada trabajador o trabajadora; permiso de ocho semanas, sin remunerar, para madres y padres trabajadores hasta que la hija o hijo cumpla ocho años.

No es una novedad, por otro lado, que las personas dedicadas al cuidado en su propio hogar realizan un trabajo no remunerado que sería millonario, no solo por las horas que emplean en ello, sino por el aporte humano que realizan a la sociedad. Hay amor, ciertamente, pero también hay tiempo, energías, habilidades y esfuerzo que se vuelcan directamente en lo más importante, que son las personas y las comunidades.

En todo caso, teniendo en cuenta la fragilidad de los vínculos, la escasa natalidad y el gran envejecimiento, podemos vaticinar que millones de personas que se volverán dependientes en unos decenios no tendrán parientes naturales que los puedan asistir. ¿Quién se sentirá entonces llamado a tenderles una mano? ¿Quién querrá asumir esa tarea de modo profesional, si no se mejoran el reconocimiento y las condiciones de este trabajo? Ha llegado el momento de prepararnos para ese escenario y empezar a valorar a quienes dan un paso adelante.

FROM ZEROS TO HEROES AND MORE...

Tomo este sugerente título (así me lo parece, al menos) de Kirstie McAllum, de la Universidad de Montreal, en Canadá, y Marta M. Elvira, profesora del IESE Business School, en su sede de Madrid, España. Son autoras de un interesante artículo: «Zeroes, Service Providers or Heroes?» (2015), que se plantea cómo dignificar el trabajo de quienes cuidan y rellenar la laguna de profesionales requeridos en el sector del *care*. Las autoras exploran precisamente cómo el lenguaje que usamos en la relación cuidador-cuidado puede configurar paradigmas profesionales diversos, en los que se pone en juego la dignidad de unos y otros, y de la misma sustancia del cuidar. Nos hablan de tres diferentes «gramáticas del cuidado» que solemos usar y que resultan insuficientes y cojas para expresar el valor de este importante tema. En su estudio afrontan el desafío de realizar la dignidad de unas profesiones que son calificadas por unos como trabajo sucio, en el sentido de que han de lidiar con cuerpos decrépitos y mentes desajustadas; por otros, como una oportunidad emergente para profesionales cualificados; y por un tercer grupo como camino épico, propio de héroes, que acaba transformando para bien todo el entramado social.

Las autoras nos ofrecen al menos tres modos distintos de comprender estos trabajos. Si los concebimos desde una óptica de mero intercambio comercial, ponemos el énfasis en las acciones (lavar, limpiar, bañar, etc.) que se perciben como rutinarias, repetitivas y estigmatizadas. Están destinadas a personas enfermas o mayores, con suficientes recursos económicos para pagarlas. En este marco de comprensión, la relación que se establece entre cuidado y cuidador es meramente funcional y de control. Los cuidadores, entonces, son percibidos como personas de escasísima preparación y capacidades, sin aspiraciones profesionales y atados a estos trabajos por necesidad. Como lo que hacen no es valorado, sino «tasado económicamente», también ellos mismos, como personas, quedan desvalorizados y «tasados» a su vez: valen tanto como sus acciones ínfimas; por eso, nos conformamos con que no reciban salarios justos, con que carezcan de cobertura social y presumimos que pueden llevar sobrecarga horaria. En fin: quedan relegados a verdaderos *zeros* sociales.

Otro modo de verlos es como pequeños empresarios, proveedores de servicios. El foco recae, entonces, no en las acciones que se realizan, sino en el agente: en su modo personal de acometer las actividades que implica el cuidar. Los cuidadores se presentan como profesionales con destrezas técnicas muy desarrolladas y con capacidades físicas y emocionales superiores a la media; con grandes habilidades sociales. Sus tareas se reconocen como profesionales, complejas y dignas de respeto. Este estatus les permite afrontar con asertividad eventuales situaciones de maltrato o abuso y resolverlas a su favor. La relación es de profesional a persona necesitada de sus servicios. Lo que las une es un contrato que deja manifiesta la alteridad entre los dos: el cuidado es un «otro» que recibe las prestaciones de un cuidador y no da nada a cambio.

Por último, en una visión que llaman comunitaria, la atención se centra en los beneficiarios del cuidado. Las personas que cuidan lo hacen por una clara pasión, por un talento especial y específico. Su trabajo se muestra personalizado y enriquecedor, tanto para ellos como para los demás. Entre cuidador y cuidado se establece una fusión, una relación que abarca lo afectivo y lo profesional, pues el receptor de cuidados es quien a su vez permite el desarrollo de todos esos talentos específicos en quien le asiste. Estos cuidadores son personas capaces de grandes sacrificios, que trabajan por amor y encarnan las virtudes del cuidar.

Resumiendo: los primeros cuidan porque deben; los segundos porque saben cómo hacerlo; y los últimos porque aman cuidar y se sienten llamados a eso, aunque en algunos casos no hayan adquirido una preparación específica.

Da la sensación de que la tercera de estas posibilidades sería el camino para restaurar la dignidad de este sector; sin embargo, presenta lagunas. Primero, porque el amor no es exigible, pero, además, si se mira a los beneficiarios sin tener en cuenta las potencialidades del cuidador y su creatividad, estos profesionales pueden verse atrapados por lazos afectivos creados o por las expectativas de la comunidad (como le pasaba a la pobre Rosa). Quienes no tienen suficientes recursos para pagar los cuidados acudirán a parientes o entes benéficos que, según ellos, tendrán gusto en cuidar, y relegarán así su obligación de atender a los necesitados. O el Estado seguirá permitiendo el cuidado gratuito en el ámbito familiar sin poner más medios para regular la precariedad de estos trabajos.

Lo cierto es que, ya los veamos como *zeros*, como miniempresarios o como héroes/santos, en la práctica no acabamos de convencernos de su aportación a la sociedad, a nuestras familias y a nuestra propia calidad de vida; por eso, quienes se dedican a cuidar actualmente siguen teniendo que lidiar con bajos salarios, precariedad laboral, oportunidades muy limitadas de avance profesional, pobre supervisión y *mentoring*, poca ayuda y casi nula preocupación por su descanso y salud.

Por otra parte, en el entorno en que ejercen su actividad, frecuentemente se encuentran con procesos inadecuados, incivilización, falta de respeto y falta de seguridad.

¿Podemos hacer algo por cambiar la situación? Iniciativas empresariales como Familiados y otras ya están suponiendo un claro avance al respecto. Pero a nivel personal, quizá lo primero que está al alcance de nuestra mano es ampliar nuestra visión, superar algunos escollos mentales y modificar nuestro lenguaje cuando nos referimos al mundo de los cuidados. Algunas pistas para seguir adelante:

1. MIRAR AL CUIDADOR. Para aprender a mirar de modo nuevo, vamos a escoger a Roberto Cabezas Ríos, un académico que podríamos pensar que se dirige hacia su despacho sumergido en altos y abstractos pensamientos. Quizá eso le pase otros días pero, al menos el 22 de abril de 2023, no. Ese día publicó lo siguiente, en su cuenta de LinkedIn:

> Hoy me he fijado en el esmero con que Juan, un jardinero de Pamplona, realizaba su trabajo de limpieza, cuidando todos los detalles. Porque cambiar el mundo no es tarea de los grandes líderes, es tarea de los líderes sin cargo y casi invisibles como Juan. (...) Pienso que lejos de ser frágil, la humildad de lo pequeño nos muestra la grandeza de esa persona para aprender a hacer mejor las cosas, para cuestionarse el valor y el sentido de lo que está haciendo, para enfrentar los nuevos retos y desarrollar nuevas habilidades, para desaprender y volver a aprender nuevas lecciones o cimentar nuevos puentes. Esta mirada de la vida, personal y profesional, tiene que ver con el compromiso y con la responsabilidad. Con el deber, con lo prometido, con lo acordado, con hacer excelente lo que debe hacer, lo que te han confiado. La humildad se manifiesta en las cosas pequeñas, en los detalles de cada día, en lo sencillo, en lo básico. En este mundo tan vertiginoso, necesitamos urgentemente encontrar tiempo para recuperar el sosiego y poder contemplar las cosas desde una perspectiva más equilibrada. ¡Los actos de Juan, mi invisible e inspirador héroe favorito, son los actos heroicos y épicos que tanta falta nos hacen! El mundo, tu mundo, mi mundo necesita de estas hazañas deslumbrantes y ejemplares que a veces son imperceptibles. Mucha gente pequeña, en lugares pequeños, haciendo cosas pequeñas, pueden cambiar el mundo.

Empezar por mirar con esmero a los cuidadores, descubrir sus nombres, admirar sus dotes, puede ser un primer paso de reconstrucción social.

2. OBSERVAR SU ACTIVIDAD CON PERSPECTIVA Y EN PROFUNDIDAD. Seguimos aprendiendo de Roberto: «La excelencia, toda excelencia, se sustenta en gestos pequeños y cotidianos. La vida común y corriente de las personas está entrelazada de hechos y situaciones que aparentemente son irrelevantes: relaciones y acciones corrientes y prácticas que hacemos todos los días, y que fácilmente podrían crear una dinámica de vida, personal y profesional, un tanto rutinaria y sobre todo superficial».

Esto es nuestro pan de cada día: muchas profesiones (por no decir todas) contienen una buena parte de tareas repetitivas, de menor brillo, esforzadas y a veces desagradables: mucho más desagradables que limpiar o lavar un cuerpo humano. El cuidado directo de la persona y de su hogar no se basa solo en el cúmulo de pequeñas acciones de este estilo, sino que implica otras muchas, más creativas y complejas y, sobre todo, teje relaciones. Tan importante como alimentar, limpiar o curar es también dialogar, estimular, acariciar o velar. Al cuidar a una persona, se cuida el entorno en que se encuentra, acomodándolo a las posibilidades o necesidades de la persona atendida. A veces, son precisamente gestos pequeños de otros los que nos hacen sentirnos importantes y grandes. Además, una acción humana, aunque sea sencilla y repetitiva, no se agota en sí misma: tiene un impacto en el interior de quien la hace y en los demás.

Cualquier acción humana honesta y noble, hecha con afán de servir a los demás, está repleta de dignidad. Aunque aplaudamos a quien da buenos golpes a una pelota con una raqueta y no miremos a quien barre a conciencia y con excelencia nuestras aceras, los dos son capaces de hacer jugadas maestras, de ser magníficos profesionales, excelentes ciudadanos y muy buenas personas. No es principalmente lo que hacen lo que los define como personas, sino la nobleza objetiva de lo que hacen, cómo y con qué intención trabajan.

3. HACERNOS MÁS CONSCIENTES DEL IMPACTO DE SU TRABAJO EN NUESTRA PROPIA VIDA. El trabajo del cuidador tiene un impacto no solo en quien es cuidado, sino en la calidad de vida de su familia y en la armonía de las relaciones. El buen cuidado de un niño, de

un anciano o de un enfermo repercute en la armonía familiar. Por ejemplo, gracias a esos cuidados, las horas que podemos dedicar a atender a un pariente mayor o enfermo pueden ser tiempo de calidad, porque lo encontramos aseado, tranquilo, quizá más receptivo y sereno, preparado para nuestro acercamiento. Expresar sinceramente el agradecimiento al cuidador por lo que hace o contar con su opinión y con su experiencia es un modo muy concreto de cuidarlo, de reconocerlo y de estimularlo.

4. ASUMIR NUESTRA RESPONSABILIDAD. Los cuidadores son personas que colaboran, facilitan o nos posibilitan nuestra responsabilidad de cuidar. No podemos delegar totalmente en alguien profesional la responsabilidad del cuidado de los que amamos: todo cuidado más allá de la familia es extensión y se hace expresión del cuidado familiar, por eso habitualmente marcamos un estándar mental y unas expectativas que conviene clarificar.

A los cuidadores les hace mucho bien vernos implicados, interesados en la atención que dan a nuestros mayores, así como encontrarnos dispuestos a poner el hombro en los momentos más difíciles, sin rehuir aprender a hacer tareas a nuestro alcance, cuando sea necesario.

Nuestra responsabilidad como empleadores es asegurarnos de que el cuidador esté bien, tenga el descanso suficiente y se le retribuya de modo justo. Cuidar a los que más queremos tiene un precio que vale la pena pagar.

Estos son algunos de los *baby steps* (por usar el término de Ernesto) que todos podemos ir dando, pero aún queda camino que recorrer para lograr los paradigmas correctos para profesionalizar estos trabajos.

VISIBILIZAR LO INVISIBLE

Uno de los méritos de la pandemia que acabamos de vivir es que nos ha proporcionado una imagen en negativo de la sociedad que estamos construyendo: el virus produjo un apagón de todo lo que no era esencial y resaltó la luminosidad de personas y actividades que habitualmente se nos hacían casi invisibles: cajeras de supermercados, repartidores de productos comprados por Internet, transportistas de alimentos y de bienes de primera necesidad, limpiadores, basureros, cuidadores, personal médico sanitario… Todos ellos emergieron como puntos clave, fundamentos de nuestra sociedad. En esa nueva fotografía, podríamos ver por una cara lo que habitualmente brilla (mucha farándula, lujo y superficialidad) y, por otra, lo que realmente cuenta: todo eso sencillo y cotidiano que, si desapareciera, no nos permitiría vivir.

El ser humano procede de una relación y es un continuo generador de relaciones, por eso es lógico que en la misma imagen en negativo, a pesar de que todos estuviéramos encerrados, surgieran nuevas e interesantes relaciones de cuidado mutuo: vecinos que conocíamos por primera vez; motoristas que ponían a disposición su pasión para repartir medicinas a domicilio; músicos y artistas que nos animaban desde sus terrazas o desde sus redes sociales, en una relación sencilla, nueva y gratuita, sin maquillajes ni taquillas. Conceptos y palabras como gratuidad, reciprocidad, y agradecimiento —expresado muchas veces en forma de aplauso—, nos dieron pistas sobre qué significa una relación verdaderamente humana y sobre el valor del cuidar a los otros.

Cuando los Estados no daban para más, los hospitales e instituciones de acogida no daban para más, las familias no daban para más y los individuos nos encontrábamos encerrados entre cuatro paredes, salió a flote el compromiso social —todavía incipiente e imperfecto— por el cuidado de todos.

El 5 de mayo de 2023 escuchamos con alivio el anuncio del director general de la OMS, Tedros Adhanom Ghebreyesus: «Es con gran esperanza que declaro el fin de la COVID-19 como una emergencia sanitaria mundial». Se acababa una pesadilla que dejaba atrás siete millones de muertos, según cifras oficiales y hasta veinte millones, en cifras estimadas. Pero al despertar de ese mal sueño, muchos de los que consideramos durante meses verdaderos héroes volvieron a desaparecer de nuestra vista: en muchos casos, pasaron de *heroes* a *zeros*, de héroes a negados sociales. Y los trabajos de cuidados, que durante la COVID brillaron como llenos de sentido, se hundieron en el escalafón profesional hasta tocar fondo de nuevo.

Ese mismo día, 5 de mayo de 2023, el doctor Mike Ryan, del programa de emergencias sanitarias de la OMS, expresó algo que puede constituir un camino de esperanza para reconstruir el paradigma de revalorización de estos trabajos: «En la mayoría de los casos, las pandemias realmente terminan cuando comienza la siguiente pandemia». Pues a la pandemia de la indiferencia y del desprestigio social y laboral de las relaciones de cuidado puede vencerla una nueva pandemia del reconocimiento y de la restauración profesionalizadora de estas tareas.

Como ya nos avisaba Ernesto, quizá el punto de partida más realista para empezar a ver las cosas de otro modo pasa por situarnos en un escenario seguro: dentro de unos años (da igual que sean diez, veinte o más), tanto yo como otros seres queridos tendremos que ser cuidados. ¿Cómo puedo aprender a cuidar-me y a cuidar de los demás? ¿Cómo puedo prepararme para ser un cuidador? Hay aquí todo un campo de responsabilidad personal y de habilidades que desarrollar que abarcan ampliar nuestros conocimientos en higiene personal, ergonomía, nutrición y un largo etcétera.

En este mundo tan enamorado de la imagen y de la imagen perfecta, inodora e indolora, es bueno emprender un camino de familiaridad con nuestro cuerpo vulnerable.

Además, nos conviene instalar en nuestro pensamiento y difundir *viralmente* una convicción: en las relaciones de cuidado ganamos todos porque llevan al florecimiento recíproco. El cuidador soluciona con creatividad necesidades, alivia, conforta, vigoriza…, mientras la persona cuidada desarrolla facetas como el agradecimiento, reconocimiento, humildad y el descubrimiento de su dignidad más profunda. La profesionalidad brilla en el modo de afrontar los distintos desafíos y la genuina humanidad emerge en la manera como se van construyendo después las diversas relaciones: entre cuidador y cuidado; entre ambos y su entorno familiar, haciéndolo corresponsable de ese cuidado y más consciente de que es beneficiario del mismo. Por fin, estas relaciones sanas y vigorosas, si se abren, dan ocasiones de asistencias y ayuda voluntaria, que refuerzan el entero entramado social. Los cuidadores son verdaderos héroes porque las grandes personas, capaces de grandes cuidados, son personas con enormes virtudes, que impactan el mundo en el que viven.

Si queremos que muchas personas opten por el cuidado de otros como un gratificante campo profesional, estamos llamados a una revolución cultural y socioeconómica, que involucre tanto a cuidadores y aquellos que son cuidados, como a sus respectivos allegados, a las familias, a las escuelas, a los vecindarios, las organizaciones, las ciudades, los Estados y a la sociedad en su conjunto. No estamos hablando solo de una mejora y ampliación del mercado laboral, que generará empleo y riqueza al proporcionarnos expertos y especialistas del cuidado, porque si no salen de una visión mercantilista, dispensarán cuidados medidos y pesados, fríamente calculados. Tampoco aspiramos a una mera ampliación del Estado del bienestar, que nos llevará a una solidaridad obligada y puede contribuir a que cada individuo se desentienda del bien de su prójimo, dejando ese cuidado en manos de estructuras estatales. Necesitamos un paradigma cultural nuevo, en el que la inclinación auxiliadora hacia las necesidades básicas de los demás se viva como gustoso compromiso y donación al otro, como camino de crecimiento común y, dentro o fuera del marco familiar, encuentre un cauce profesional específico.

Un compromiso común

Para lograr un nuevo paradigma cultural, el sector del *care* necesita un aumento de reconocimiento social, y eso es tarea de todos. Parte de la literatura sobre trabajos dotados de sentido sitúa el valor del trabajo en si conduce o no al desarrollo personal del trabajador. Sin embargo, también cómo los otros perciben lo que hacemos y cómo logramos conectar los pequeños gestos diarios con grandes objetivos sociales hace que aumente o disminuya el orgullo por lo que realizamos. Muchos de los que hoy se dedican a cuidar a otros (niños, enfermos, personas dependientes, etc.) consideran su trabajo muy satisfactorio personalmente: les gusta, quieren hacerlo, se sienten especialmente llamados a desarrollarse en ese campo. Opinan que requiere de ellos conocimientos, habilidades y capacidades en las que pueden ir creciendo; les proporciona una gran red de relación con personas; aprenden de quienes cuidan; sienten que contribuyen al bienestar de otras personas y a la armonía de sus familias. Sin embargo, esto por sí solo no basta. El reconocimiento, la gratitud, la admiración y el trato digno tanto de quienes reciben sus cuidados como de sus parientes es crucial. También lo es el reconocimiento y apoyo de sus propias familias, sus amigos o cónyuges. Y no menos importante, al contrario, el reconocimiento (también en términos salariales) de las organizaciones o comunidades profesionales a las que pertenecen. Por eso, ámbitos como el que ha generado la empresa Familiados tienen tanto potencial. Los profesionales del cuidado —a cualquier escala, también quienes cuidan su propia familia u hogar— necesitan foros donde intercambiar conocimientos, compartir los desafíos que han afrontado y cómo los han superado, descubrir itinerarios para desarrollar más habilidades y que se cuente con su consejo cuando tienen ya un buen recorrido y experiencia.

Por otra parte, como hemos mencionado, a gran escala se da el trabajo de cuidar en el espacio privado, en el propio hogar: un empleo no remunerado, caracterizado por la ejecución de tareas relacionadas con el mantenimiento del bienestar y cuidado de la familia, incluyendo la atención de menores y de adultos dependientes. Muchas veces se lo llama trabajo reproductivo y no productivo. A menudo nos conformamos con llamar a esos cuidados tareas doméstico-familiares, sin reivindicar para ellas el concepto de trabajo, sin cuestionarnos la aportación tan enorme que hacen a la sociedad. No obstante, el tiempo, las energías y el esfuerzo que se dedica a los cuidados producen el bien social más importante: hacen florecer a las personas y a las comunidades. Además, generan economía. Conseguir que dejen de ser trabajos invisibles solo podrá hacerse tendiendo el puente del reconocimiento social, diseñando políticas de armonización familiar-laboral y con apoyo efectivo a las familias.

El objetivo es tan amplio y urgente que se necesita un acuerdo sólido, donde Gobiernos, empresas, sindicatos, trabajadores, familias e individuos se aúnen en una apuesta por la sociedad. También sería necesaria una gran movilidad de voluntariado social. No quiero entrar de lleno en la polémica sobre las políticas de cuidados, las inversiones que se necesitarían hacer y quién las debería asumir. Prefiero cerrar este epígrafe con dos referencias esperanzadoras: empiezo por las recomendaciones de la Organización Internacional del Trabajo a propósito de la inversión en licencias y servicios de cuidado: «Esto redunda en beneficio de las trabajadoras y los trabajadores, los niños, las empresas, las sociedades y el planeta, ya que convertir el derecho a cuidar y a ser cuidado en una realidad para todos tiene implicaciones generales para la sostenibilidad de la humanidad».

La segunda referencia esperanzadora es la nueva estrategia de cuidados de la Unión Europea, presentada el 7 de septiembre de 2022. Tiene como meta «mejorar la situación tanto de los receptores de asistencia como de las personas que los atienden, de manera profesional o informal». Se pretende incrementar la oferta a largo plazo de servicios educativos de primera infancia, y asistenciales a mayores, enfermos o personas con discapacidad. El objetivo es llegar, como mínimo, al cincuenta por ciento de los menores de tres años y al noventa y seis por ciento de los comprendidos entre tres años y educación primaria, «para mejorar la participación de las mujeres en el mercado laboral». En cuanto a los adultos, se busca cubrir las crecientes necesidades de cuidados, especialmente de los mayores.

Lo interesante de estas propuestas del organismo europeo es que se refieren tanto a las personas que reciben los cuidados como a las que los prestan. La accesibilidad de los servicios es uno de los mayores problemas: alrededor de un tercio de los hogares de la Unión Europea con necesidades de cuidados de larga duración no utilizan los servicios de atención domiciliaria porque no pueden pagarlos. Las zonas rurales y remotas y las regiones poco pobladas se ven especialmente afectadas por esta realidad.

En cuanto a la educación infantil, se enfatiza la atención a niños en situaciones vulnerables y se busca que la educación tenga un número suficiente de horas para que los padres puedan trabajar de manera remunerada.

Con respecto al cuidado de los adultos, la comisión propone aumentar el uso de las tecnologías de la comunicación (como el llamado Espacio Europeo de Datos de Salud, que permite compartir los datos de la salud con prestadores de servicios elegidos); mejorar las condiciones laborales y el reconocimiento social de los cuidadores profesionales, en particular de los trabajadores domésticos; reforzar sus habilidades y formación, y aumentar el atractivo de esta profesión. Igualmente, propone crear una regulación adecuada que posibilite la colaboración entre el sector público y el privado, completada con fondos de la Unión.

Los servicios de asistencia son esenciales para que las personas puedan compaginar el trabajo con las tareas de atención a familiares necesitados, pero no son suficientes por sí solos, y se han de reforzar con unas medidas adecuadas de equilibrio entre la vida laboral y familiar para que los trabajadores sean capaces de compaginar sus responsabilidades familiares con las profesionales (por ejemplo, facilitando los permisos especiales y familiares, el trabajo a tiempo parcial, el teletrabajo y el horario flexible). En agosto de 2023 se agotó el plazo para que los Estados miembros de la UE traspusieran la Directiva de Conciliación de la Vida Familiar y la Vida Profesional, que, entre otras cosas, prohíbe la discriminación de los trabajadores que se acogen a tales medidas de conciliación. He podido comprobar en mi propio entorno las ventajas de estas modalidades de trabajo, que han propiciado que mis hermanos y yo (residentes cada uno en un país europeo diferente) pudiéramos turnarnos para cuidar a mi padre, cada vez más anciano y limitado.

En este contexto, es necesario enfatizar la centralidad de la familia como espacio privilegiado para el cuidado de las personas, desde el inicio al final, y la obligación del Estado de apoyar y fomentar políticas que la favorezcan.

RETROALIMENTACIÓN POSITIVA

Vale la pena detenerse un poco más en lo que ocurre dentro de las familias y en las necesarias medidas para permitir armonizar diversas dimensiones de la vida, lograr compatibilizar e incluso potenciar los diferentes roles que tendemos a asumir, y hacer viable el proyecto familiar que dos personas quieran construir.

Como es patente, los recientes cambios sociales y demográficos en las sociedades occidentales han transformado las estructuras del mundo laboral y familiar: aumenta el número de uniones familiares en que los dos miembros trabajan, se multiplican los hogares monoparentales con una sola fuente de ingresos, el desembarco de la mujer en la esfera pública es un hecho irreversible que no hará más que crecer. A su vez, se incrementa la aspiración de los adultos a poder desempeñarse adecuadamente no solo en su proyecto laboral, sino también en el familiar. ¿Estamos ante una aporía o podemos encontrar aquí oportunidades de cambio y mejora? ¿Vamos a hablar siempre de conflicto entre trabajo y vida familiar o podemos bucear en la idea de cómo se pueden enriquecer doblemente?

María Barraza, Mireia Las Heras y Yasin Rofcanin, tres investigadores de escuelas de negocios, han profundizado en cómo algunos recursos de contexto, como, por ejemplo, el apoyo de la pareja, pueden contribuir al florecimiento humano y enriquecer al mismo tiempo el ámbito familiar y el laboral. En su artículo «Work, Family and Human Flourishing» (2023) explican cómo las buenas experiencias en uno de los campos pueden revertir positivamente en el otro y viceversa. Trabajo y familia, familia y trabajo podrían pasar a ser aliados bidireccionales. Las organizaciones, las familias y la sociedad se beneficiarían enormemente si pusiéramos más atención al ligamen entre los diferentes ámbitos. En concreto, cuando una organización intenta crear dinámicas y procesos cada vez más humanos, haciendo florecer a sus empleados, esa mejora podrá repercutir en la esfera familiar. Del mismo modo, cuando en un hogar se instauran dinámicas que verdaderamente ayudan a crecer y madurar de modo equilibrado, cada miembro de la familia se lleva consigo al trabajo todo ese patrimonio.

Entre los recursos posibles, estos tres estudiosos se han detenido en analizar el apoyo (*support*) que uno de los componentes de la pareja puede dar a otro. Así llegaron a desarrollar el concepto de *Work Supportive Spouse Behaviours* (WSSB), que es como la contracara del *Family Supportive Supervisor Behaviours* (FSSB).

Grosso modo, el FSSB se origina en el trabajo e impulsa a mejorar las dinámicas familiares, logrando mejores resultados en ambos ámbitos. El novedoso WSSB es el apoyo de un cónyuge al otro en sus diferentes áreas vitales, con repercusiones positivas en las demás esferas. Se da cuando uno se siente reafirmado por el otro también en sus proyectos profesionales, y ganan juntos en recursos como la creatividad, la eficacia o una nueva mirada estratégica.

Este apoyo supone tanto el reconocimiento como la eventual asistencia instrumental para lograr los fines deseados. Según la evidencia de estos investigadores, cuando se cuenta con esto, las personas se sienten fortalecidas para asumir diferentes roles en la vida, y esto es a su vez uno de los soportes de la salud mental y de la sensación de bienestar.

El estudio concluye que el enriquecimiento personal en el área del trabajo puede contribuir muy positivamente y ser transferido al ámbito familiar. Cuando alguien desarrolla comportamientos humanos positivos en una de estas esferas esto revierte en la otra, y al revés. Por esto, recomiendan a las organizaciones y a los políticos promover que las personas puedan desarrollar múltiples roles armónicamente, tanto en la familia como en el trabajo o en la sociedad. Esta medida, que llevaría al bienestar de hombres y mujeres, debería ser una prioridad y contribuiría a crear una sociedad más sana, argumentan.

Sin duda, cada familia necesita el diseño de su propio proyecto. No es lo mismo una familia a la que no llegan los hijos, que una numerosa; ni una donde hay un hijo enfermo u otras personas dependientes que otra donde todos los miembros son fuertes, sanos y con un cierto grado de autonomía personal. Pero, seguramente, en varias etapas, el proyecto familiar y el cuidado de los nuestros requerirá más presencia de los progenitores en la casa, y eso es algo que se debe desear, prevenir, dialogar y pactar, para que se logre una involucración justa de todos. Cuando los dos cónyuges están convencidos de esto, se puede llegar a muchos logros, tanto en una esfera como en otra. Logros que se multiplican, si hacemos nuestros los de cada integrante de la familia.

Un ejemplo notable en este sentido es el de Amy Coney Barrett, la jueza que a sus cuarenta y ocho años fue nombrada miembro de la Corte Suprema de los Estados Unidos. De hecho, en 2020, fue considerada «personaje del año» por numerosos medios. Muchos se maravillaron de que una madre de siete hijos —dos adoptados en Haití y cinco naturales, de los cuales uno tiene necesidades especiales— haya sido capaz de liderar con éxito tanto su proyecto familiar como el profesional. En 2019 tuvo ocasión de explicarlo en la sede del Notre Dame Club de Washington D. C., y, lógicamente, su respuesta tuvo que manejar la primera persona del plural: el logro no era solo suyo, sino también de su marido, a quien comenzó alabando: «Los dos estábamos abiertos a permanecer en casa cuando hiciera falta (…). Lo que verdaderamente hizo que todo funcionara fue un gran trabajo en equipo, un esfuerzo compartido. Justo ahora, Jesse está mucho más implicado en cuidar a los chicos, en cocinar y en ocuparse de las citas médicas. Le toca un poco más del trabajo en casa (…). En cada etapa evaluamos si nuestra organización va bien para la familia y para el trabajo. Hasta ahora ha funcionado y ha funcionado bien: los chicos están felices».

Amy explicó que, tanto para ella como para su marido, el proyecto familiar venía primero y el laboral después, y así, en la práctica, el empuje sobre uno concreto traccionaba al otro. Amy y Jesse están convencidos de que tanto el padre como la madre deben compartir el cuidado de los hijos y del hogar, según las posibilidades, potencialidades y habilidades de cada uno.

Pero además de ese trabajo en equipo con su marido, Amy pudo armonizar todo gracias a otras ayudas paralelas: la flexibilidad por la que luchó en su lugar de trabajo y la generosidad de una tía de su marido, que los ayudó durante más de una década.

Liderazgo cuidadoso

Como aseguraba Ernesto, de Familiados, el cambio es posible si «el foco de todo está en las personas», y esto es aplicable a todos los sectores laborales. En general, dedicamos un tercio de nuestra vida a trabajar, y más vale que ese tiempo nos haga mejores personas, favorezca a quienes trabajan con nosotros y redunde en un impacto positivo de nuestro planeta.

«El futuro del trabajo puede ser más humano. Así generará mejores resultados y será más productivo». Son palabras del empresario estadounidense Joe Mechlinski en una charla TED con miles de visualizaciones. En 2014 fundó SHIFT, una empresa que se propone eso mismo: cambiar el modo en que trabajamos y encontrarle un sentido, conscientes de que así viviremos mejor y eso impactará en la sociedad toda. Lo sintetiza en una frase: «Better you. Better us. Better all».

Este autor de *best sellers* partió de unos datos desalentadores. En Estados Unidos el setenta por ciento de los trabajadores están desmotivados y apenas el trece por ciento hace su tarea con pasión, según confirman dos estudios recientes. Es decir, para mucha gente su trabajo carece de sentido y dedica sus horas preciosas a causas que no le interesan realmente. ¿Qué pasaría si fuera al revés, si encontráramos sentido en lo que hacemos, si nos moviera la ilusión por dejar una huella más nítida? ¿Qué pasaría si lográramos cambiar el «tengo que trabajar» por el «voy a trabajar»?

Hasta el momento, SHIFT ha impulsado a más de seiscientas empresas de todo tipo a contestar a estas preguntas, potenciando a sus trabajadores, fomentando que encuentren un sentido más amplio a lo que hacen. Están convencidos —y la experiencia los avala— de que, si se consigue involucrar más a los empleados, estos crecen en todos los aspectos de su vida: son mejores personas, cooperan para que haya una sociedad mejor y hacen que los negocios sean más rentables. Al cabo de tantos años, en esa charla TED, Joe se pregunta qué es lo que buscan los empleados. Concluye que el mayor anhelo, lo que más satisface, es esforzarse por dejar una marca personal. «¿Más nombres en edificios, en fundaciones? No creo que necesitemos más de eso (…). Un legado no es lo que haces, sino lo que logras que otros hagan».

Estoy convencida de esto mismo. Si conseguimos encontrar el sentido de lo que hacemos, podremos hacerlo mejor. Y no me cabe duda de que esto se desborda a todos los niveles: mayor productividad, más eficiencia, mejores ambientes laborales, menos fuga de talentos y rotación de personal, ciertamente. Pero también mayor felicidad en general y un mejor equilibrio vital, pues se llega a un nivel de retroalimentación positiva.

La misma historia de Joe lo confirma: él ha declarado que tener una familia lo ha convertido en un mejor CEO.

> Para ser honesto, esperé para formar una familia, porque tenía la idea de que eso me haría perder eficacia como empresario —contó en una entrevista para un club de emprendedores—. Pero, ¡dichoso yo!, conocí a la mujer de mis sueños, me casé, y antes de darme cuenta ya tenía una hija y un hijo. Dieron la vuelta a mi mundo. Tener una familia me desafió para llegar a otro nivel de funcionalidad, combinando mi ser padre con ser jefe, emprendedor y dueño de un negocio. Ahora tengo mucho más en juego. Mi día tiene las mismas horas que antes, pero mis responsabilidades han aumentado. Por lo tanto, he ganado en enfoque. Organizo mi tiempo para poder hacer todo lo necesario en un día.

Este empresario dice que ahora «invierte en las personas» de modo diferente, con más sentido y conciencia. Reconoce que tener su propia familia lo ha hecho ser mejor a la hora de tomar decisiones y en el momento de asignar prioridades en sus asuntos laborales.

Un reto fascinante para los creadores de empleo es, pues, lograr que su gente florezca en el puesto de trabajo. No falta evidencia de que cuando se busca que crezcan en todos los sentidos, eso redunda en mayores beneficios —también económicos, por supuesto— para las instituciones en las que trabajan. La meta es aún un poco lejana, pues según estudios como el realizado por la consultora Great Place to Work junto con la Johns Hopkins University, apenas uno de cada cinco trabajadores logra florecer. Pero hay campeones que aceptan el desafío, y uno de ellos es Ramón Romero Boquete, CEO y creador del proyecto BeForGet, una escuela de liderazgo colaborativo que en tan solo diez años de andadura ha impactado a más de cincuenta mil personas en todo el mundo. Según anuncian en su página web oficial, su regla de oro es: «Dar el máximo valor a cada persona que se acerque a nosotros».

Ramón es decidido y apasionado. Se nota que ese es el lema de su propósito vital, pero desvivirse así por los demás puede llegar a ser perjudicial. No me extrañó que me contara que viendo ese desbordarse de su hijo, su madre le advirtiera: «Ramón, ¡cuídate! Si te quieres dar así, ¡cuídate!». Y es lo que ha hecho todos estos años, porque —me decía, convencido— «solo eres capaz de amar hasta donde te amas. Hay que cultivar también ese amor razonable a uno mismo».

Y es que el empeño de un líder cuidadoso empieza por él mismo, por un autocuidado, que no es narcisismo, sino que se pone al servicio de los demás. Se trata de un mirarse de modo integral, para crecer y hacerse fuerte en las diferentes esferas de la existencia: la física y material, la relacional, la intelectual, la espiritual.

En su empresa, Ramón parte de una mirada agradecida hacia cada colaborador: «Sin tu aportación de valor (sea la que sea) seremos menos». Se ha propuesto crear un contexto de confianza en el que cada empleado pueda conectar con su talento más originario y afirmar con convicción: «Aquí me permiten ser yo».

Hacer florecer los talentos de todos, intercambiarlos con los de los demás y desear dejar ese legado de servicio es el corazón de su programa de liderazgo colaborativo. Favorecer ese entorno es lo que él llama cuidar: solo en un contexto de cuidados puede aflorar lo mejor de nosotros mismos; entonces, cada persona está plena, aporta más y se hace exponencial el resultado que se quería alcanzar.

Algunos comienzan a calibrar el impacto de las medidas que favorecen este crecimiento de los trabajadores. Es conocido mundialmente el indicador de Great Place to Work, que asigna puntuaciones a aquellas compañías donde es mejor desarrollarse profesionalmente. Año tras año elabora una nómina global y varias nacionales. Recientemente ha agregado otras listas y criterios de clasificación y ahora existe también el *ranking* de Great Place to Work para padres, el de madres, o el de empresas que cuidan a sus empleados. Consideran que «poner gimnasios y organizar pausas para meditación está bien, pero el bienestar de los empleados es mucho más complejo que el ejercicio físico y el *mindfulness*». Por eso, estiman que los cinco indicadores clave son: ofrecer apoyo mental y emocional; lograr el sentido de misión; dar apoyo personal; permitir la salud financiera y promover las relaciones con sentido.

Al mismo tiempo, esa organización se encarga de estudiar el mundo laboral y de elaborar informes y recomendaciones. Hace poco concluyó que los trabajadores sienten que son valorados por las empresas cuando perciben que estas invierten en su bienestar, tienen compromiso con la diversidad, equidad, inclusión y pertenencia, y de forma simultánea se dedican a incidir positivamente en pequeñas comunidades.

«Cuando los colaboradores se sienten cuidados, se enorgullecen de su trabajo y se comprometen con la empresa. Más aún, están dispuestos a hacer un esfuerzo laboral extra, recomiendan a otros su lugar de trabajo y desean quedarse allí por mucho tiempo. A esto lo llamamos "factor compromiso" y es lo que sucede cuando las compañías ganan sobre los corazones y mentes de los colaboradores». Son palabras de Paula Paya, gerente de recursos humanos y sustentabilidad en Prudential Seguros, autora de un artículo en el libro *Hacia un nuevo mundo laboral y familiar, guía de buenas prácticas*, editado en 2021 en Buenos Aires. Allí se recogen decenas de iniciativas de cuidado de los empleados, desde políticas de trabajo flexible hasta talleres de inteligencia emocional y manejo de estrés, ayudas económicas o actividades para familias. En su mayoría, esas medidas surgieron como respuesta a la crisis de la pandemia, pero muchas se han instalado como prácticas habituales, una vez que los promotores comprobaron su eficacia en diferentes campos.

Pero no solo de cuidar a los empleados se trata. Si se considera que son personas, se procura acompañarlas más allá de la empresa. Hay muchas buenas prácticas de soporte a los empleados jubilados, desde redes de apoyo económico hasta programas de acompañamiento y actividades de recreación. Algunas firmas dan más pasos y apoyan también a quienes han despedido por causa de fuerza mayor, demostrando que los verdaderos recursos son los humanos, aunque escaseen los económicos. Citibanamex, un banco mexicano que es filial de Citigroup, ha ideado protocolos para cuando —por diversas circunstancias— debe despedir a más de mil colaboradores: ofrece indemnizaciones hasta un sesenta por ciento superiores a lo estipulado por ley, servicios médicos particulares, asesoramiento para elaborar el *curriculum vitae* y regresar a la búsqueda de empleo. Además, pone a disposición de esos empleados oficinas con ordenadores y teléfonos, para que tengan recursos materiales desde los que buscar un nuevo futuro. Los directivos del banco tienen claro que la mejor indemnización es acompañar a las personas en sus necesidades humanas, más allá de en las materiales.

Aunque queda mucho por recorrer, son alentadores estos ejemplos de humanidad y liderazgo cuidadoso a nivel empresarial. Las universidades y escuelas de negocios, obligadas también a adaptarse a los cambios sociales y a las demandas del mercado, notan igualmente esta tendencia, y por eso promueven un tipo de liderazgo que inspire y potencie el talento, sabiendo que «el liderazgo es una enorme oportunidad para servir y la propuesta empresarial debe contribuir a cimentar una sociedad más justa, más humana y más feliz», como afirma Roberto Cabezas Ríos, ya mencionado. Según él, la sociedad necesita, más allá de expedientes notables, buenas personas, competentes profesionales que también sean capaces de asumir con virtud los retos que se les presentan. Eso requiere, a su parecer, potenciar la aportación de cada uno, activar las conciencias de los equipos para sacar sus mejores versiones y que superen sus zonas de confort. «De nada sirve brillar si no se sabe iluminar», concluye. Asegura que las empresas más exitosas son las que logran atraer a estos jóvenes líderes, que tal vez no son naturalmente talentosos (eso se adquiere), pero que ciertamente tienen un carácter maduro que los lleva a impactar positivamente en su entorno, como verdaderos profesionales al servicio de la sociedad. Estoy muy de acuerdo con lo que leí en su artículo «Reflexiones sin prisa para el 2023» (2022), en el que reflexiona sobre el panorama postpandémico: «Las empresas pueden ser catalizadoras de la sociedad, sabiendo que el mundo, nuestro mundo, quizá nunca más será el que fue, pero tampoco es todavía el que definitivamente será».

Todo esto lo logrará cada uno, desde su puesto o profesión, si aprende a detenerse, a escuchar, a establecer una relación directa y personal con el otro, a sentir empatía y conmoción, a dejarse involucrar en sus potencialidades y sufrimiento hasta hacerse cargo del otro por medio del servicio, que requiere haber consolidado virtudes como la magnanimidad y la humildad. Así, la llamada natural al cuidado de los demás, sea por amor familiar, por amistad o por vocación profesional, encontrará un cauce preciso y contribuiremos a una mayor humanización de la sociedad.

Esto, claro está, es una tarea verdaderamente épica y reclama corazones grandes, corazones guerreros.

CAPÍTULO 5
RECONSTRUYENDO EL ENTRAMADO SOCIAL

Esta mañana me ha costado llegar al hospital. Había un tráfico intensísimo a la altura de la *vía Laurentina*. Los trámites de aceptación también han sido lentos y desesperantes. Después, más de cuarenta minutos de espera hasta que me llaman, por fin. Me alegro mucho de haber venido sola hasta aquí. No ha sido fácil convencer a mi familia de que esta sería una visita más, una rutina más y de que me parecía una pérdida de tiempo que alguien desperdiciara las valiosas horas de su trabajo para estar conmigo. Así que ahora respiro con aire triunfador repasando mentalmente mis contundentes argumentos para no venir acompañada. El anuncio de mi turno me saca del sopor vanidoso y entro ajetreada a la consulta, con todo bajo control: análisis recientes, recomendaciones de la última visita médica, varias dudas que contrastar… Me veo transformada en una ejecutiva de la enfermedad.

La doctora que me atiende hoy no es la habitual, aunque sí me ha visto alguna vez. Me recibe con una sonrisa y simplemente pregunta:

—¿Viene sola?

—Sí, esta vez sí. ¿Lo dice por algo?

—No, por nada especial. Otras veces la he visto acompañada y me he alegrado. Sencillamente, estamos mejor si estamos juntos, me parece a mí.

A partir de esa *sencilla* frase me he convertido en autómata. Por fuera, voy respondiendo mecánicamente a las preguntas de la médico: índices de leucocitos, linfocitos, neutrófilos, hemoglobina, creatinina… Por dentro, repaso con perplejidad: índices de prisa, individualismo, *eficientismo*, pragmatismo y demás. ¿No estarán demasiado altos? Empiezo a ser consciente de que, además de la enfermedad que trata de controlar la médico, quizá también me estén afectando los efectos colaterales de una pandemia que empezó a expandirse por el mundo incluso antes que la COVID-19: la dichosa soledad.

Me «despierta» el ruido de la impresora y empiezo a recoger material: resumen de la visita, recetas para próximas citas, pastillas recomendadas… La verdad es que lo más valioso que me llevo es la lección inicial: «Estamos mejor si estamos juntos». Sí. Pero no es tan simple: hay que desprenderse del individualismo y aprender a hacer sitio existencial a los demás.

Se ve que los médicos lo tienen claro. El episodio de hoy me ha traído a la cabeza *Together* (2020), el libro de Vivek Murthy, cirujano general de Estados Unidos y portavoz del Gobierno de ese país para temas de salud, entre 2014 y 2017 y a partir de 2021. Es él quien se plantea que el mundo parece más conectado que nunca, pero la soledad se extiende como una epidemia: ¿cuál es el efecto que tiene en nosotros y cómo podemos tratarla?

Murthy defiende que la soledad constituye un problema de salud pública y no es casualidad que en algunos países los Gobiernos la hayan incorporado a sus agendas de trabajo: es el origen y agente colaborador de muchas de las epidemias generalizadas en el mundo actual, desde el alcoholismo y la drogadicción hasta la violencia, la depresión o la ansiedad.

Pero la soledad no solo afecta a la salud, sino también a cómo se comportan los niños en el colegio, a nuestro rendimiento en el trabajo y al sentimiento de división y polarización que reina en nuestra sociedad.

Según este autor, en el fondo de nuestra soledad late el deseo innato de relacionarnos con otros, porque el ser humano es una criatura social. Estamos hechos para participar en una comunidad, para forjar lazos duraderos con los demás, para ayudarnos mutuamente y para compartir experiencias vitales y hemos de encontrar estrategias que ayuden a conectarnos porque, sencillamente, «estamos mejor si estamos juntos».

CON DATOS EN LA MANO

Facundo Manes es un neurocientífico argentino. Pocos días antes de que se decretara la cuarentena obligatoria en su país, declaraba que la soledad «es uno de los males de nuestro tiempo, una pandemia del presente», que causa más muertes que la polución ambiental, la obesidad o el alcoholismo. ¿Por qué? «Básicamente, porque los seres humanos somos seres sociales. Necesitamos de los otros para nuestra supervivencia. El aislamiento afecta a la calidad del sueño y aumenta los síntomas depresivos y los niveles matinales de cortisol, que es la hormona del estrés», respondía en una entrevista.

No se está refiriendo al aislamiento en sí, pues este puede no ser percibido como triste y dañino. Se trata, más bien, de cuando ese hecho externo se transforma en una realidad dolorosa para quien la padece. Es lo que los científicos llaman «soledad no deseada», la *loneliness* de los angloparlantes, que usan un término distinto del que define la soledad física —*alone, isolated*— que no tiene por qué ser dolorosa de por sí. El aislamiento hace referencia al número objetivo de interacciones sociales que uno tiene (familia, amigos, entorno, actividades sociales) y la soledad nos remite al dolor que produce el sentimiento de que nuestras relaciones no coinciden en cantidad y calidad con las que necesitamos.

No es fácil encontrar datos de esta realidad. El más reciente documento de la Organización Mundial de la Salud establece que entre el veinte y el treinta y cuatro por ciento de las personas mayores en China, Europa, América Latina y los Estados Unidos se sienten solas. Pero, números aparte, sí hay consenso sobre las consecuencias negativas de esta soledad no deseada y van en la línea de lo que denunciaban los dos médicos mencionados y de lo que intuía la doctora que me atendió aquella mañana: los humanos somos seres sociales y nuestra existencia pierde calidad si no vivimos con los demás. La comunidad científica coincide en que esta soledad aumenta en un treinta por ciento el riesgo de mortalidad, y eleva la posibilidad de padecer enfermedades cardiovasculares, ictus, demencia y problemas de salud mental.

La ausencia de comunicación ha empeorado en los países que han sufrido encierros por la pandemia. En Francia, por ejemplo, el barómetro de soledad y aislamiento de 2021 señalaba que, en ese año, quinientas treinta mil personas de sesenta años o más nunca o casi nunca se reúnen con otras personas (red familiar, amigos, vecinos, red asociativa). La cifra supone un uno por ciento más de lo detectado en 2017 y, en términos absolutos, equivale al número de habitantes de Lyon, tercera ciudad de Francia.

La fragilidad de la independencia: una soledad escogida

La vida en soledad —y quizás también la muerte— no es solamente una cuestión de vejez; de hecho, según una encuesta realizada por la BBC entre cincuenta y cinco mil ciudadanos británicos, la franja de edad en la que se siente más soledad es la comprendida entre los dieciséis y los veinticuatro años.

De hecho, el número de personas que escogen vivir solas aumenta y aumenta: se ha duplicado en el mundo desde los años sesenta hasta nuestros días. Las cosas ruedan bien mientras nos encontramos sanos y fuertes, pero basta un pequeño revés y todo se pone patas arriba.

T. L. Andrews, periodista treintañero, explica cómo la rotura de un brazo quebró también su esquema mental y su paradigma de vida:

> Como el brazo que me rompí era el dominante, no conseguía lavarme bien los dientes. Vestirme por la mañana y atarme los zapatos se convirtió en un desafío completamente nuevo para mí.

Eso me mostró cómo, en el fondo, no importa lo exitoso y respetado que haya llegado a ser; el caso es que estoy en una crisis que va más allá de mi debilidad física actual. De repente, nuestros problemas no pueden resolverse con dinero o con una nueva app. Llegados a un cierto punto, necesitamos gente literalmente a nuestro lado.

Pensando en lo solo que estaba y en el fallecimiento reciente de una compañera suya de clase, su mente lo llevó hasta Japón, y le entraron escalofríos al pensar en los llamados *kodokushi*, personas que viven y mueren solas, y cuyos cuerpos no son encontrados hasta que pasan semanas. El fenómeno se ha extendido tanto que ha dado lugar a una amplia industria: se paga a profesionales para que entren en esas casas, limpien los restos humanos y rebusquen entre las pertenencias del difunto, por si hay signos de a quién podrían notificar el deceso. De repente, él no se sintió tan diferente a esos casos: «Vivo solo y estoy soltero. Como habitualmente trabajo como *freelance*, si muriera en casa no tendría colegas o jefes que se preguntaran por dónde ando. Incluso si mis editores se enfadaran porque no cumplí los plazos, me enviarían algunos mensajes por correo electrónico, quizá harían alguna llamada si se sintieran especialmente presionados, y entonces presumirían que estaba decaído y jurarían no volver a trabajar nunca más conmigo, sin advertir cuán cierta sería esa afirmación».

Asomándose a la ventana de su apartamento berlinés, el periodista paseaba la vista por las ventanas de sus vecinos: no conocía personalmente a ninguno. Se sobrecogió al pensar que en esa ciudad el cincuenta por ciento de las viviendas están habitadas por una sola persona y de repente cayó en la cuenta de que este modo de existencia no tiene precedentes:

Y ni siquiera nos hemos parado a pensar cómo vamos a reemplazar el juramento que nos hacíamos al casarnos (en la salud o en la enfermedad). O, en la modalidad superlativa, la cláusula: «Hasta que la muerte nos separe». No nos hemos parado a diseñar cómo conseguir un sistema de apoyo que tenga cuidado de la humanidad: quién cocinará el proverbial (o actual) caldo de pollo cuando alguien enferme o cómo compensaremos financieramente a quien pierda su trabajo. En el caso de los *singles*, estas tareas que habrían recaído sobre el eventual cónyuge o sobre otros familiares, tienen que realizarlas otros. Pero ¿quiénes? ¿El Estado?, ¿amigos?, ¿colegas?, ¿contactos de Tinder? Quizá esto fue justo lo que encontré repelente sobre las muertes solitarias en Japón: que extraños ataviados con máscaras tuvieran que recoger mi cuerpo, y peor aún, llamaran luego a mi madre para informarle de mi muerte: me pareció una solución repugnante.

Para todos estos problemas, el joven periodista no encontró solución mejor que el matrimonio, o una relación estable de larga duración, que al menos ofrece una comunidad de dos. En momentos de crisis, un compañero así asumiría de modo natural el papel de cuidador, mientras que, en su caso, como mucho sus amigos tendrían que sacar valor e irrumpir en su pena para poder ayudarle.

Al final de su reflexión concluía: «Mi generación necesita pensar a fondo e intensamente en este escenario (...). Aunque me duelan las tripas, tengo que reconocer que la vulnerabilidad que ahora siento solo puedo afrontarla con algo que he estado evitando tácitamente mencionar hasta ahora».

T. L. Andrews se refiere a una palabra que, a sus treinta años, le cuesta pronunciar. ¿Nos atrevemos? Empieza por c... La c de...: compromiso.

Sí. Sé que de primeras asusta. Compromiso nos suena más a cárcel que a libertad; más a castración que a fecundidad. Sin embargo, compromiso es un concepto que tiene tela. Tela cortada a medida de lo humano, porque nos habla de sentido, de esperanzas, de promesas, de vínculos y, por supuesto, sí, de lealtad.

Me parece que no está de más profundizar.

TEJIENDO VÍNCULOS

Nada. No hay vuelta de hoja; lo acabamos de ver: allí donde fallan los vínculos, aparecen los miedos. Los vínculos más fuertes nos permiten una vida más libre e integrada con la de otros. El ser humano surge de una relación y durante toda su vida es generador de relaciones. No todas son igualmente significativas ni presentan la misma profundidad, pero son uno de los factores que más positivamente inciden en la salud y la felicidad de las personas.

Este es uno de los hallazgos sobresalientes de un ambicioso estudio científico sobre la felicidad que comenzó en 1938 en la Universidad de Harvard y se sigue realizando hasta el día de hoy, monitoreando a la misma población a lo largo de los años. Su actual director, Robert Waldinger, tiene una de las charlas TED más vistas de todos los tiempos, y en ella plantea el principal descubrimiento de semejante investigación: «Las buenas relaciones nos mantienen más felices y más saludables. Punto». Abundante evidencia científica respalda estas y otras afirmaciones, como que las personas con mejores relaciones son más longevas y mantienen la memoria por más tiempo. Como explica Waldinger, la parte que más le sorprendió del estudio fue comprobar que las personas más contentas y que habían llegado a edad más avanzada coincidían con las que habían logrado mantener relaciones más entrañables con otras personas. De hecho, comprobar el número de buenas relaciones se convirtió en un sólido parámetro de predicción de quién iba a ser más feliz y longevo entre quienes estaban siendo objeto de su observación.

Estas relaciones necesitan cultivarse. Eso no debería suponer un problema, pero requiere el compromiso de pequeñas acciones: mensajes regulares, encontrarse con alguna frecuencia para tomar un café o dar un paseo. Si no las cuidas, si no las riegas, esas personas a las que te habías ligado acaban por desaparecer de tu vida. «Encontramos que la gente que conseguía mantener vibrantes sus relaciones sociales era la que realizaba estos esfuerzos».

Desde luego, corroboro que en estos meses de tratamiento las visitas, llamadas y acompañamiento de las personas que más me importan han supuesto siempre una inyección de alegría y de consuelo. Hasta los variados grupos de WhatsApp, que tantas veces habían acabado silenciados o ignorados, cobraron una viveza singular: «Hermanos», «Primos», «Amiche», «Ragazze», «Gioia di vivere», «Aniversario69» y algunos más se convirtieron en frecuentes animadores de mi camino y me ofrecieron también ocasiones de rezar por asuntos concretos, de celebrar éxitos de otros, de compartir penas importantes, ayudar, ser ayudada y de salir de las fronteras de mi propia existencia que, sin estas amistades, quedaría reducida y estrecha.

Asegurar la calidad de las relaciones es importante, ya sean familiares, amigos, colegas o vecinos. «A cierta altura de nuestro estudio —explica Waldinger en una entrevista publicada en *The Harvard Gazzette*, el 10 de febrero de 2023— preguntábamos a la gente: "¿A quién podrías llamar en medio de la noche si estuvieras enfermo o asustado?". Pensamos que todo el mundo necesita contar al menos con una o dos personas de esas».

Para llegar a ese nivel de confianza, puede ser interesante reflexionar sobre qué tipo de amistad tenemos con quienes llamamos amigos. Siguiendo al profesor Arthur Brooks —autor, orador público y académico estadounidense—, podemos hablar de tres niveles: los amigos de utilidad nos facilitan conseguir algunas cosas, con ellos intercambiamos favores, están y nos mostramos siempre disponibles; los amigos de placer nos ayudan a descansar, pues con ellos compartimos aficiones, salidas, esparcimiento… No solemos ir a fondo en las conversaciones y como los gustos y entretenimientos cambian, son amigos que con relativa facilidad entran y salen de nuestra vida. Por último, nos encontramos con esos amigos «inútiles»: no queremos nada especial de ellos, sino que los queremos a ellos. Seguro que intercambiamos favores y quizá compartimos algún gusto o afición, pero la amistad se ha radicado a un nivel más profundo. Están a nuestro lado sin esperar ningún beneficio más que nuestra propia presencia. Son portadores de satisfacción y alegría profunda. Con ellos nos sentimos en casa, porque se convierten para nosotros en una casa por la que podemos andar en zapatillas.

Esto, sin duda, no se improvisa. Llegar a esta amistad íntima y genuina requiere echarle ganas y sacrificio, que se verá recompensado en forma de cálida cercanía, aunque se viva a cientos de kilómetros de distancia. A estos amigos no solo los podemos llamar en la mitad de la noche, cuando estemos enfermos o asustados, sino que desearán ardientemente que lo hagamos.

Pero no todos tienen la fortuna de tenerlos. La pasada pandemia puso esto especialmente en evidencia. Me lo contaba recientemente Clara, una de esas amigas de utilidad, que muy pronto pasó a ser amiga de placer y que tiene pinta de que acabará siendo (así lo espero) una utilísima amiga inútil. Una tarde de invierno alguien me compartió un vídeo de YouTube con una de sus canciones (*Hoy*) y empecé a escuchar en bucle esa y otras producciones suyas. Algo me decía que esta joven cantautora tenía algo especial y empecé a profundizar en quién era y qué le movía a componer ese tipo de letras. Acabamos en contacto y me llevé una agradable sorpresa cuando me explicó el origen de su tema *Hoy*:

La pandemia me pilló haciendo un curso del que nació una iniciativa que tenía que ver con poner en contacto a jóvenes con mayores. El objetivo era humanizar. El proyecto se había truncado por la COVID, le tuvimos que dar una vuelta, y como en el grupo había una enfermera, nos propuso hacer algo con la gente que estaba hospitalizada y que estaba muy sola. El proyecto se llamó «No te conozco, pero aquí estoy».

Para mí, ese proyecto fue el equilibrio, la razón para levantarme cada mañana durante la pandemia. Gestionamos el envío de cartas: desde niños que mandaban dibujos hasta mayores que sentían la necesidad de escribir. Llegamos a hacer una red de sanitarios de distintos hospitales de España.

En ese contexto, en el que veía mucha necesidad de esperanza, me puse a escribir una canción que yo necesitaba oír. Había tanta incertidumbre...: pensaba en cómo se podría cuidar teniendo que poner distancia.

Las primeras frases de la canción *Hoy* las escribí pensando en los padres de Blanca, una amiga que murió de un cáncer muy poco frecuente con solo veinticuatro años. Así empieza la canción: «Hoy es un día nuevo, ha dejado de llover, empiezas de nuevo, con fuerza otra vez...».

Pensaba cómo estarían esos padres viviendo el duelo de su hija en el encierro de la pandemia. Esos padres son una maravilla. Enfocaron sus energías en darle sentido a lo que vivieron, creando una fundación para investigar sobre este cáncer de médula espinal y mejorar la calidad de vida de los pacientes que sufren esta enfermedad.

Blanca había sido compañera de conservatorio y fuimos muy amigas entre los diez y los dieciocho años. Ya habíamos dejado de vernos hacía casi diez años, y cuando me enteré de que estaba enferma no me atreví a acercarme, por ese miedo a ser inoportuna, rechazada... Hoy me arrepiento mucho de no haber ido a verla.

Falleció en 2018, y cuando me enteré, no podía dejar de pensar en ella. Para sentirla más cerca entré en Facebook (plataforma que llevaba muchos años sin utilizar) y me metí en su perfil. Para mi sorpresa, uno de sus últimos *posteos* era una canción mía que se llama *El huracán*. Ver esa publicación fue un *shock*, me encontré con que ella sabía de mí, que seguía la música que hacía. En ese momento no pude evitar sentirme culpable por no haber estado con ella físicamente y a la vez me consoló pensar que la había estado acompañando a través de mi música.

Al mismo tiempo que Arthur Brooks nos lanza a la búsqueda de amigos inútiles, nos advierte también de que, desafortunadamente, la presión social nos empuja hacia otro tipo de amistades. Según ha observado, por término medio, un trabajador estadounidense pasa cuarenta horas en su lugar de trabajo durante la semana, codeándose con otras personas que reciben más trato que las propias familias o que otros amigos. De este modo, vamos forjando amistades útiles que desplazan a las «inútiles» y no nos acaban de llenar. De algún modo, nos siguen dejando incompletos, porque se pueden mantener con débiles vínculos emocionales, que no involucran a la persona entera. Nos ayudan a desarrollar bien el trabajo, a hacer un entorno más agradable, pero, generalmente, correremos el riesgo de perderlas si abrimos un debate sobre algún tema específico o incluso si les confiamos más a fondo nuestra intimidad.

Así, poco a poco, nos quedamos sin verdaderos amigos y, aunque estemos rodeados de gente, nos percibimos como lobos solitarios. El aumento del trabajo en remoto, el incremento de las realidades y espacios virtuales, la debilidad de los vínculos vecinales o de comunidad y la prisa en la que nos vemos habitualmente inmersos son otras graves amenazas para el cultivo de relaciones sociales.

El compromiso del que estamos hablando, el que permite el desarrollo de relaciones significativas, no es cuestión de un clic. Además de esfuerzo, requiere el arte de aprender a bailar con la vida a otro compás. El tiempo del cuidado es un tiempo suspendido, es un tiempo de presencia, es un tiempo… con aroma, como diría Byung-Chul Han.

NUEVO JUEGO DE PEDALES

Uno de los regalos que proporciona una enfermedad —aunque sea leve, como la ruptura de brazo de T. L. Andrews— es un fuerte frenazo vital. Tan acostumbrados estamos a saltar de un instante a otro y a zambullirnos en un frenético *multitasking*, que a menudo vamos construyendo la existencia a base de *zapping* de vivencias, sin más. Vivimos instalados en el instante. En un instante incoloro e inodoro, que no llega a ser presente, porque muchas veces le falta precisamente nuestra presencia: el goce consciente de lo que tenemos entre manos, la contemplación de la acción buena y bella, el encuentro con una persona, en fin, todo eso (un aroma) que el instante podría llegar a regalarme si no lo transitáramos de un modo tan acelerado y atomizado.

La enfermedad nos regala tiempo lento y con él, capacidad de atención, de observación, de apropiación hasta de pequeños gestos cotidianos y mecánicos como el de lavarse los dientes o atarse los cordones de los zapatos. El tiempo lento hace que mis oídos capten el saludo amable de una enfermera, que mis ojos detecten la sonrisa que emerge por debajo de sus ojeras o que mi tacto registre agradecido su leve caricia antes o después de pinchar mi brazo con la jeringa. El tiempo lento nos permite ejercitarnos en el esmero, que es el tipo de atención que las personas se merecen.

La enfermedad nos regala algo grande, algo enorme: el intervalo. Ese espacio de oro entre un instante y el otro; entre lo que ahora me ocupa y lo siguiente. Y es justo ese momento el que permite reflexionar qué paso quiero dar, por qué y cómo quiero darlo. El intervalo rescata la fuerza ordenadora que tiene el tiempo y posibilita una reflexión que dota de sentido las elecciones que vamos haciendo, nuestro vivir. Así, no lleno la vida de instantes sueltos e inconexos: ahora esto, luego lo de más allá, sin rumbo, sin meta, buscando solo consumir acciones, ocio, productos. El intervalo es la puntada de hilo que puedo dar libremente entre un instante y otro para que queden vinculados, para que sean parte de un camino preciso hacia alguna meta. Entonces la espera pasa de experimentar angustiosa y oscuramente la caducidad del instante a un sabroso recrearse en el aroma de lo vivido y en serena preparación de lo que está por acaecer.

A nuestro periodista en Berlín, los intervalos de tiempo entre atarse un zapato y otro le permitieron ir cayendo en la cuenta de algunas conclusiones: «De repente, nuestros problemas no pueden resolverse con dinero o con una nueva app. Llegados a un cierto punto, necesitamos gente literalmente a nuestro lado». Su reacción fue llamar a una vieja amiga, mantener con ella una profunda conversación y empezar a tejer vínculos duraderos.

A este cambio de actividades que te induce la enfermedad —dejas de hacer cosas que ya no parecen tan esenciales y te concentras en otras que brillan como fundamentales— es a lo que llamo un nuevo juego de pedales. La enfermedad detiene la velocidad de Ferrari que quizás llevabas, corriendo en séptima marcha. Obliga a recomenzar poniendo freno al hacer y al producir, y empuja a concentrarte en las personas, a acelerar la búsqueda de encuentros tranquilos, aunque a veces sea a través de palabras entrecortadas, pequeños gestos o simples miradas.

Reducir significativamente la aceleración del tiempo da espacio a la contemplación, al saboreo de la vida, a la reflexión y a la experiencia, a que aprendamos a distinguir los momentos significativos de aquellos que no lo son, a rescatar con la memoria el aroma de nuestro paso por la existencia y a recobrar la esperanza serena ante el horizonte de la muerte.

Si vivimos acelerados, si nada ni nadie nos para, podemos perder el rumbo y caer en un estado permanente de dispersión, desorientación y confusión. La única meta vital es entonces el consumo continuo de cosas, acciones, diversiones, prestaciones, posibilidades, opciones. Todas ellas inconexas y efímeras, por lo que su aroma es el vacío. Nada tiene un verdadero principio ni un fin. Todo puede dejarse a la mitad. En ese continuo y plano acumular vivencias, ninguna adquiere especial profundidad o relieve. Así, aun haciendo cosas distintas, los días son iguales unos a otros, y las semanas y los meses. Inadvertidamente, uno envejece sin hacerse mayor. Y camina desvinculado de los demás, de su pasado y de su futuro.

Entonces, sobrepasando las previsiones estadísticas por edades, se nos multiplica el número de frenéticos viejos solitarios: los que corren sin tiempo para vivir, sin tiempo para morir.

SOLUCIONES CREATIVAS

La soledad acorta la vida. No solo lo insinúa, sino que rotundamente lo afirma Robert Waldinger, con una gráfica imagen: «Vivir solo equivale a fumar diez cigarrillos diarios. La soledad es un detonante del estrés. Y una de cada tres personas se siente sola».

Estando así las cosas, más nos vale ir buscando soluciones.

En Gran Bretaña, la epidemia de soledad se hizo *mainstream* gracias a Jo Cox, parlamentaria laborista asesinada en 2016. Poco antes había establecido una comisión transversal (laboristas y *tories*) para estudiar la situación de soledad en el país y proponer modos de aliviarla. Los resultados de la comisión se publicaron en diciembre de 2017 y como fruto de sus propuestas se creó el mal llamado «Ministerio de la Soledad» y se publicó una estrategia gubernamental de reducción de este mal. Se ha incorporado este aspecto, entre otros, en las estadísticas y encuestas institucionales, en el transporte o los protocolos de salud pública, y hay un sistema de financiación de proyectos de reducción de la soledad tanto para entes públicos como privados.

Buscando lograr una sociedad conectada, se diseñaron más de sesenta líneas de acción que involucraban a nueve departamentos del Gobierno y cubrían el territorio nacional. Muchos de los objetivos propuestos ya han sido alcanzados.

Lógicamente, no toda vía de solución corresponde a los Gobiernos. Grandes instituciones sin ánimo de lucro que trabajan con personas mayores, como Age UK, incluyen la lucha contra la soledad y el aislamiento entre sus objetivos. También en muchos otros niveles nacen iniciativas que pretenden incrementar las ocasiones de relaciones de calidad entre quienes se sienten solos. Me sorprendió, por ejemplo, la campaña «Take a Seat», que facilitó que comercios y otros locales pusieran a disposición de las personas mayores alguna silla en diferentes puntos del trayecto hasta ese local para animar a salir de casa sin miedo a no poder sentarse durante el camino. O, en otro orden de cosas, también me pareció estupenda la serie documental *Old People's Home for 4 Year Olds*, que mostraba la interacción de niños de cuatro años en una residencia de ancianos: fue un gran éxito en el Channel 4 de Gran Bretaña.

Pero si queremos algo más a nuestro alcance, una historia a pie de calle muestra lo que puede suceder cuando uno ve y escucha. Sucedió en el *pub* The Alexandra, en Westminster. Mick y Sarah Dore, encargados del establecimiento, se dieron cuenta de que varios de sus clientes habituales pasaban las Navidades solos, porque no tenían familia, o al menos no la tenían cerca. En 2017 empezaron a organizar una comida en Navidad, para asegurar que esos clientes salían de casa y se encontraban con otras personas en un ambiente cálido. En 2019 los comensales fueron unas ciento cincuenta personas. Fruto de esa primera experiencia, en 2018 pusieron en marcha otra acción que favorecería encontrarse y establecer relaciones. La llamaron «Meet Up Mondays»: los lunes al mediodía ofrecen gratis café y té, bocadillos, concursos y lo que salga. No acude solamente gente jubilada, sino estudiantes extranjeros, personas que teletrabajan, que están en paro, madres en baja maternal con sus bebés, personas «sin techo», etc. Todos encuentran momentos para entablar una conversación, reír y compartir vivencias.

Del fuerte sentido de comunidad del *pub* The Alexandra y de la pasión de los Dore por sus clientes, que los llevó a plantearse continuamente qué les puede hacer sentir mejor, bebieron otros.

Hoy la iniciativa «Meet Up Mondays» es replicada por numerosos *pubs* y cafeterías del país.

Las preguntas que se hicieron los Dore en el marco de su trabajo se las puede hacer cualquiera en el suyo, adaptando lo que haga falta: ¿la gente viene para comer y beber o porque desea compañía? ¿Qué puede gustar a todas las edades? ¿Cuál es el recorrido que hará una persona que llega por primera vez al *pub* y cómo hacer que se sienta cómoda desde el inicio? ¿Qué actividad podemos repetir porque ha tenido éxito? Aunque una actividad no sea directamente rentable, ¿contribuye a crear una atmósfera y una experiencia que hace que la gente desee volver? ¿Cuándo es el momento oportuno para entablar una conversación con los clientes, para conocer mejor su *background* y poder ponerlos en contacto entre sí?

Es cuestión de querer involucrarse en el problema para ser parte de la solución.

Esto es exactamente lo que hizo la cadena holandesa de supermercados Jumbo. Frente a las «cajas rápidas» o de autoservicio, que reducen al mínimo la interrelación humana, este grupo empresarial decidió implantar «cajas lentas» o, más precisamente «Kletskassa», cajas para charlar. Así explicaba Colette Cloosterman-van Eerd, la CEO del grupo, el origen de la iniciativa. «Como negocio familiar y cadena de supermercados, estamos en el corazón de la sociedad. En Jumbo queremos ser algo más que un lugar donde la gente venga a comprar. Por ejemplo, enseñamos a detectar en nuestros almacenes señales de soledad entre los clientes e incentivamos a acometer iniciativas locales. Varios de nuestros establecimientos tienen un rincón donde los clientes pueden tomar un café y charlar con otros vecinos». Los directivos están muy orgullosos de que sus empleados deseen atender las cajas lentas. Verdaderamente quieren ayudar a la gente y ayudarles a entrar en contacto con ellos.

Es un gesto pequeño, pero particularmente valioso en un mundo de procesos cada vez más digitalizados y veloces.

Tanto Jumbo como The Alexandra han sabido identificar la importancia del tiempo compartido, pensar herramientas que faciliten el contacto, involucrar con alegría a los empleados y dimensionar su trabajo como un modo de servir a la sociedad.

CIUDADES CUIDADAS Y CUIDADORAS

Desde hace como mínimo una década, los urbanistas dicen que tenemos que repensar la forma en que construimos las áreas urbanas para hacerlas más sostenibles, saludables y justas. Cerca del cincuenta y seis por ciento de la población total del planeta vive en ciudades y la tendencia va en alza. De acuerdo con la ONU, en el año 2050 dos terceras partes de los habitantes de nuestro planeta tendrán su hogar en las urbes.

Pero tal como va creciendo, la expansión urbana presenta grietas de planificación que arrojan luz sobre temas como la injusticia social, la exclusión, las inadecuadas redes de transporte público, las secuelas de salud relacionadas con el esmog que flota en el aire urbano y un tamaño que se aleja de la dimensión de las relaciones humanas.

Las llamadas «ciudades de quince minutos» quieren ser una respuesta a esta necesidad. El concepto responde a la intención de planificar ciudades de manera tal que todos los insumos y servicios necesarios para la vida diaria queden a una distancia que se logre cubrir en un breve espacio de tiempo.

Poder hacer la compra, llevar a los niños al colegio, ir al hospital o pasear por el parque, en un entramado denso de servicios, ayuda a personas mayores y familias jóvenes por igual. La seguridad, el transporte, las vías peatonales y los edificios multiusos colaboran en facilitar relaciones más continuas y tiempos más adecuados, de modo que se pueden reforzar los vínculos que ya existen (el tiempo dedicado a la familia, por ejemplo) o se permite crear otros nuevos.

Por todo esto, estas nuevas ciudades podrían ser un remedio contra la soledad.

A nivel arquitectónico, otra solución emergente es el llamado *cohousing*. En Suecia, dos millones de personas (de un total de 10,5 millones) viven solas y los hogares unipersonales son mayoría. Allí, los primeros experimentos de viviendas con servicios comunes y espacios compartidos fracasaron por disputas entre los inquilinos, entre otros motivos; pero, a partir de los años noventa, empezó una nueva versión orientada a «la segunda mitad de la vida». No es un modelo casi de comuna ni tampoco es similar a una residencia para ancianos: se trata más bien de un grupo de personas que quiere organizar cómo vivir y qué relaciones cultivar a partir de la mediana edad. Inicialmente eran proyectos municipales, pero después los promotores se han ido diversificando.

En general, un espacio de *cohousing* es un edificio residencial como los demás, repartido en apartamentos normales, a los que se añaden espacios compartidos en los que los residentes pueden comer juntos, cultivar aficiones comunes y disfrutar de la compañía de otros. Puede tratarse de viviendas alquiladas, condominios, cooperativas, etc., pero el fin es crear comunidad a base de reunirse para algunas actividades concretas.

En España van surgiendo modelos variados alrededor de la misma idea. En 2019, el diario español *El País* entrevistaba a una pareja, Maribel e Ignacio, destacando lo siguiente:

> El matrimonio aspira a vivir esta nueva etapa de su vida, lo que se ha bautizado como *madurescencia*, junto con otros amigos, cuidándose los unos a los otros, compartiendo e intercambiando aficiones, manteniendo una vida activa y garantizándose su autonomía personal en un lugar diseñado por ellos de acuerdo con sus necesidades. «Nos negamos a ser una carga para nuestros hijos y no queremos acabar viviendo solos o en una residencia que no nos podemos permitir; queremos estar rodeados de gente que nos entienda, con la que compartamos intereses y que juntos podamos atendernos entre todos», explica Ignacio desde el sofá de su salón.

El artículo cita también a José A. Sánchez Medina, psicólogo de la Universidad Pablo de Olavide de Sevilla, experto en *cohousing*, quien especifica que esta modalidad residencial permite elegir con quién quieres vivir y envejecer. Constituye una verdadera lucha contra la soledad, porque recupera las relaciones de vecindad y promueve un envejecimiento activo.

Por su parte, Aurora Moreno es pionera en España de este modelo realizado con amigos. Cuando empezó a madurar su idea, allá por los años setenta, nadie había oído hablar de la palabra *cohousing* ni tenía demasiado claro qué era una cooperativa, por lo que ella tenía que explicar: «Cooperar, ayudar, trabajar con los demás. Esto es lo que me daba fuerza para influir en el pequeño grupo de amigos con el que iniciamos la idea». En su cabeza, el plan aparecía con nitidez: «Compramos una finca, hacemos una cooperativa y nos vamos preparando para, en nuestra vejez, vivir unidos. Juntos, pero separados. O sea, hacer apartamentos que no sean habitaciones, sino que sean la prolongación de tu propia casa».

Las iniciativas para lograr comunidades cuidadoras son múltiples. En todo caso, muchos expertos insisten en que, para sacar adelante este tipo de urbes, es necesario un diálogo entre funcionarios, ciudadanos y otros actores sociales, pues la estructura social, económica y ecológica de cada ciudad es diversa y las medidas adecuadas dependerán de cada contexto y de las necesidades específicas de la población.

Dependerán también de que cada uno de esos agentes de cambio asuma como propósito descubrir cómo establecer relaciones, estrechar vínculos e integrar a todos los demás en la comunidad social.

En parte, es cuestión de creatividad. Se nos tiene que encender una luz.

Solución artesanal para la villa 31

Buenos Aires es la mayor ciudad y capital de Argentina, así como la segunda área metropolitana más grande de Sudamérica. La entrada a esta gran urbe ofrece un paisaje cargado de contrastes. Entre enormes edificios y autopistas, se levanta la cruda realidad de las villas.

Las primeras villas de emergencia nacieron en los años cincuenta, como resultado del proceso de urbanización alentado por el impulso industrializador del momento. Estaban pobladas, en general, por migrantes internos, la mayoría provenientes de zonas rurales, que buscaban en las fábricas de las ciudades nuevas oportunidades de vida. Al inicio eran lugares transitorios, que funcionaban, al menos imaginariamente, como escala hacia un lugar mejor. Su ocupación, por lo tanto, no era planificada, sino el resultado de la agregación de decisiones de personas, a lo sumo familias, casi siempre sin experiencia urbana previa, que se iban instalando en el lugar al amparo de familiares o conocidos que ya vivían allí. Así, se configuraron en trazas irregulares e intrincadas, en donde el espacio se aprovechaba al máximo: pasillos estrechísimos entre casilla y casilla, construcciones precarias, hacinamiento. A día de hoy, las villas sextuplican la densidad poblacional media en el área metropolitana de Buenos Aires. Se han convertido en lugares residenciales permanentes, refugio para inmigrantes de todo tipo y playas para los arrojados por el oleaje de la exclusión social. En las villas —también llamadas villas miseria— prevalece la pobreza, el vagabundeo, las drogas y la violencia.

Hoy existen en el área metropolitana de Buenos Aires más de ochocientas villas y asentamientos que reúnen a más de un millón de personas. Integrarlas —con sus habitantes— en el resto de la sociedad excede las posibilidades de los más inspirados urbanistas. No basta solo diseñar desde un despacho: hay que mirar, escuchar, conmoverse y actuar. Se te tiene que encender una luz en la cabeza y en el corazón, para empezar a impulsar un cambio.

Esa fue la experiencia de Nicolás Donnelly, joven ingeniero. Desde su casa en el barrio del Retiro, en Buenos Aires, divisaba el perfil de la que entonces se conocía como villa 31, y algo le reconcomía el corazón. «No tenía una idea concreta, pero sí un objetivo: no puedo solucionar la pobreza, puedo ayudar a algunas familias». Aún sin trabajo y con tiempo disponible, empezó a ir con frecuencia al barrio 31 y se instalaba en el centro vecinal Padre Múgica, que tiene el Hogar de Cristo. «Me quedaba ratos largos conversando con los chicos; veía que muchos pasaban el día entero ahí, incluso se quedaban a dormir (...). Yo los escuchaba admirado por cómo la peleaban. Y todo eso me daba vueltas en la cabeza, al punto de que ir al barrio 31 y a la granja del Hogar de Cristo en General Rodríguez empezó a ser algo que necesitaba, sin darme cuenta estaba yendo para encontrar respuestas a mi propia vida».

Nicolás llevó con él a otros amigos. Tras horas de trato y escucha, se dieron cuenta de que lo más difícil para los chicos de la villa era insertarse en el mundo laboral, así que idearon cómo ofrecerles herramientas para el trabajo. Como lo peor en el proceso son las recaídas, tenían que diseñar algo concreto que los ayudara a rearmar su proyecto de vida.

Así nació la idea de un taller. «Empezamos con artesanías con cuero, pero por distintos motivos no funcionó», recuerda Nicolás. Entonces, a base de barajar y desechar ideas, llegó por fin la luz: fabricarían velas de noche. Ese fue el origen de una iniciativa que actualmente funciona como un anexo al tratamiento integral de recuperación que desarrolla el Hogar de Cristo.

Desde un principio se propusieron ser muy profesionales y confeccionar velas de calidad. «No se trataba tanto de lograr una meta empresarial, sino de inculcar una cultura del trabajo. Había que cumplir con los clientes». Las entregas tienen un plazo, y el mercado de la organización de eventos una exigencia. «Transmitir este panorama a los chicos que participaban en el taller ayudó muchísimo a su compromiso personal. Ahora, no dudan en quedarse más allá de la hora, si ven que no llegan a cumplir con un cliente. Así van dando pequeños pasos para rehacer su propia vida y evitar que se la robe la droga».

Cuando llegó el momento de bautizar el proyecto, se sometió a votación. «Luz de esperanza», decía uno de los papelitos que escribieron los mismos chicos del barrio 31. Fue la opción que ganó. No hizo falta pedir al autor de la sugerencia demasiadas explicaciones. «Luz de esperanza» es un nombre y una misión. Es una salida, una bocanada de aire en un espacio viciado por las drogas.

Y es una estrategia, mucho más que urbana, para tender un puente entre dos mundos que conviven dentro de una misma ciudad.

UN MUNDO EN EL QUE QUEPAMOS TODOS

Un mes, como cada mes de ese año, regresé a casa a última hora de la tarde tras la sesión de quimioterapia. Esa vez, como tantas otras, encontré algún detalle de mi familia o de mis amigas. Los que había recibido en ocasiones anteriores iban desde un cartel de bienvenida hasta flores, dulces o alguna lectura interesante. Ese viernes descubrí algo singular: una pila de tiras cómicas de Mafalda, esa niña argentina curiosa y reflexiva, continuamente preocupada por la humanidad, que aspira a ser intérprete de Naciones Unidas cuando sea mayor. También ella, como Nicolás, *vive* en Buenos Aires y dando voz a su creador, Quino, no para de hacerse preguntas existenciales. Suele dar en el clavo.

¿Quién no recuerda la famosa frase «Que paren el mundo que yo me bajo»? Últimamente se ha puesto en duda su autoría, pero, lo queramos o no, ha quedado en el imaginario colectivo la imagen de la *piba* en lágrimas frente al globo terráqueo y gimoteando esa expresión. No niego que, en algunos momentos, cuando se me acumulaba el trabajo o acechaba cualquier sensación de agobio, yo también la había pronunciado. Ahora, sin embargo, se me ocurría que más que abandonar el mundo, como sugería Mafalda, o explosionarlo, como proponía Rosa, apretando un botón nuclear, habría que seguir intentando cambiarlo, para que quepamos todos, de verdad.

Hojeé rápidamente algunas viñetas, en busca de esa en particular, y mientras la localizaba, me detuve sonriente en otras. Mi entretenimiento lo interrumpió una notificación de WhatsApp. El grupo de amigos del colegio «Aniversario69» se ponía en acción: «Felicidades, Isa» (otra Isa, no yo). «Qué gran hijo tienes». «Enhorabuena», «Un campeón», etc.

No era la primera vez que hablaban de Juanfra: que si cinturón negro de yudo; que si campeón andaluz en lanzamiento de pesos en la categoría de ciegos; que si cantautor de rap… A pesar de no tener luz en los ojos, no para de brillar. Aquella tarde era noticia porque había logrado una mejora en la ciudad de Almería: desde entonces y en parte gracias a sus gestiones, los semáforos para peatones serían sonoros en varias calles principales de la ciudad. Así evitará para él y para otros los sustos que se ha llevado últimamente en su camino al IES Alhadra, donde estudia el ciclo de grado superior de Integración Social. Por fuerza ha de atravesar la avenida del Mediterráneo a la altura de la calle Italia, uno de los puntos de tráfico más concurrido de la urbe. Según cuenta él en el recorte de periódico que su madre nos mandaba, cruzar allí «es un auténtico peligro porque son varios carriles y si no oyes venir a los coches, te crees que estás en verde y pasas. Esto me resta autonomía y hace que mis padres se preocupen mucho, porque verdaderamente me juego el tipo a diario».

Juanfra va explicando que, si a la falta de semáforos sonoros se suma cualquier contratiempo en cuanto a barreras arquitectónicas, ya tiene que olvidarse del mapa mental que le permite orientarse con ayuda de un bastón. Gracias al empeño de la ONCE y de personas como él, se trabaja para aumentar el número de semáforos sonoros y tomar otras medidas que hagan de Almería una ciudad más inclusiva.

Al terminar mi lectura de la noticia, yo también añadí mi mensaje al grupo. «¡Qué orgullo de hijo, Isa!». Reabrí el libro de Mafalda y tuve la sensación de que también ella quería participar en la conversación, pues lo primero que me saltó a la vista fue esta frase suya: «¡Resulta que, si uno no se apura a cambiar el mundo, después es el mundo el que lo cambia a uno!».

La figura de Juanfra, sus ganas de cambiar el mundo, empezando por desafiarse a sí mismo y hacer sugerencias para mejorar su ciudad no se me iban de la cabeza. Abrí de nuevo el chat y agrandé la foto de perfil del grupo: ahí estábamos todos los compañeros de curso en el primer año del colegio. Se podría decir que me impregnó el aroma del tiempo, y las risas infantiles de nuestros juegos me acompañaron en mi paseo por esos pequeños rostros de niños de cinco o seis años, mientras identificaba el de Isabel, la madre de este chico. Se me iban acumulando las preguntas: ¿nació ya ciego o eso vino después?; ¿qué le sucede a una madre cuando le anuncian o descubre que su hijo tiene una enfermedad?; ¿cómo le hicieron sitio en la familia?; ¿cómo le tuvieron que cuidar?; ¿de qué fuente bebe Juanfra esa pasión por vivir y ese «apuro» mafaldesco por querer cambiar el mundo?

Aquel día no me dio para más. Pero cuando llegó el momento de escribir este libro, Isabel y su hijo volvieron a mi recuerdo. Y esta vez, sí, mandé un audio a mi compañera y me dispuse a escuchar el que ella me envió como respuesta:

—El niño nació normal —me contó Isa con su voz serena—. Fue en la guardería cuando empezaron a notar algunas dificulta-

des: no veía bien alguna foto, no distinguía nada en la oscuridad…
Con siete años, cambiamos de oftalmólogo, y al comentarle al nuevo todo lo que le pasaba nos mencionó la posibilidad de una rara enfermedad. Cuando el diagnóstico se confirmó, se nos cayó el mundo encima. Fuimos de aquí para allá, buscando médicos que pudieran parar el avance de esa enfermedad degenerativa, pero todo fue inútil. Lo pasamos muy mal. Es muy duro que te digan que tu hijo se va a quedar ciego.

—¿Y cómo salió adelante? —pregunté yo, tirando del hilo para que mi amiga me contara más.

—Poco a poco fuimos normalizando la situación —continuó ella—. Intentamos que el niño hiciera su vida lo más normal posible, sin ocultarle nada. Juanfra tenía dificultades de aprendizaje y debíamos ayudarle mucho con los estudios, porque esta enfermedad va cerrando el campo visual hasta que queda en un pequeño orificio: es como mirar la vida por una pajita. A la hora de jugar tenía dificultades, tropezaba; no podía jugar al tenis, porque no acertaba; le encantaba el fútbol, pero los niños se metían con él… Sus compañeros de clase le han dejado de lado fuera del colegio. Dentro, ha tenido buenos compañeros, pero fuera —en fiestas, cumpleaños, etc.—, se quedaba solo: era un estorbo para los demás. Él era muy sociable y necesitaba mucho de los amigos, pero no encontraba ese apoyo. A quien encontraba verdaderamente a su lado era a su familia.

—Pero, ¿y él?, ¿cómo lo ha llevado él? —le insistí, recordando sus logros en el deporte, su pasión por la música, sus estudios en un ciclo superior…

—Su enfermedad la ha llevado relativamente bien. En la adolescencia estuvo más rebelde y pesimista, pero el deporte ha sido algo muy bueno para él. Gracias al deporte, uno sale de muchas cosas. Juanfra es empeñoso. Ya ha terminado su ciclo superior de Integración Social. Su padre le ha ido grabando todos los temas para que él los memorizara oyéndolos, así que se puede decir que su carrera la hemos estudiado todos en casa. Lee en el móvil, pero no puede leer otras cosas ni escribir a mano. Ahora está haciendo las prácticas de su ciclo superior y expondrá su trabajo de final de grado. Para el futuro inmediato, se va a dedicar a mejorar en el uso de varias aplicaciones informáticas que le permitirán ser mucho más autónomo. Va a aprender el lenguaje braille y recibirá un perro guía. Está ilusionado con esto.

Hablamos un rato más. Me quedó la sensación de que acababa de descubrir gigantes. No encontraba el modo exacto de definir a esta familia, que no habría descubierto si no hubiera aprovechado con calma el intervalo de tiempo entre un mensaje y otro. Sin llamada, sin diálogo, me habría quedado en la superficie de una historia que me impactó por su humanidad.

Cuando terminé de transcribir la conversación con la madre, me dispuse a escuchar a su hijo. Salí a dar un paseo. Me coloqué los auriculares y localicé el vídeo de un rap. Pero este título... ¿me habré equivocado? Pues no, no me equivoco, el autor es él. *La vida es bonita.* Doy al *Play*. Vamos allá.

Y veo a Juanfra, siguiendo el ritmo con su bastón. Y oigo su voz rapera: «La vida es bonita si sabes vivirla. / Los buenos momentos se quedan, lo malo se olvida. / La discapacidad a mí nunca me va a apenar. / Seguiré p'adelante sin mirar atrás. / Y al que me quiera, yo le quiero más. / A mi familia yo la quiero. / Siempre, corazón guerrero. / Antes salud que dinero. / Por los míos yo muero. / Dios me tiene *bendecío,* / y es que Dios me tiene *bendecío*» (Juan Francisco Calvo García. "La vida es bonita").

Nuevo mensaje de audio. Va para Juanfra:

—Oye, corazón guerrero, tú que emprendes la batalla de cambiar el mundo para que en él quepamos todos, quizá no ves las cosas como las veo yo, pero seguro que ves un mundo que yo no veo. Enséñame a observarlo desde tu posición. Te hago unas pocas preguntas: ¿por qué luchas? ¿Cuáles han sido las peores heridas recibidas por el camino? Si tuvieras que hacer una revolución del cuidado, ¿por dónde empezarías? ¿Piensas de verdad, de verdad, que Dios es un buen, el mejor cuidador?

Habrá que seguir la conversación...

CAPÍTULO 6
EL CORAZÓN DE LOS CUIDADOS

Cuarta PET. Tras detenerme unos minutos en la capilla del hospital para pedir por todos los enfermos que estén aquí este día, me dirijo al área de medicina nuclear. Ya me muevo con soltura entre estas siglas que hasta ahora no tenían nada que ver con mi vida: PET, TAC, RMM... La amabilidad de la secretaria en la ventanilla es un ingrediente más para que me sienta totalmente relajada en la sala de espera, me ponga las gafas (la edad no perdona y las pantallas tampoco) y empiece a leer. No sé en qué estaba, pero se me fue el santo al cielo, pensando en la primera PET, en otro hospital. Ese día me quedé de hielo cuando oí anunciar mi turno: ¡17-BLU! Si solo lo hubieran escrito así en una pantalla, quizá me hubiera dado igual, pero oír a la médico acogerme con cierta frialdad: «¿Es usted, 17-BLU?», me fundió los plomos. Acaban de cambiar mi nombre por un código y no me va, pensé. Quizá fuera una política de privacidad, pero el eco de aquella nueva nomenclatura hizo que de pronto todo se volviera frío: el blanco insulso de las paredes, el blanco del mobiliario, la blanca bata del médico (M-18 PLUS podría llamarlo yo: M por médico, 18 por la cantidad aproximada de los que me habían visto hasta entonces y PLUS por uno más). ¡Bah!

Hoy, por suerte, no me han llamado así. Aquí sigo siendo «Sánchez» (que pronunciado con el dulce acento italiano hasta cobra encanto) y me recibe la sonrisa amable de una doctora. La primera vez, me tumbé en la camilla observando cómo la blanca máquina recorría con ruido monótono la orografía de mi cuerpo 17-BLU. Hoy, mis ojos se topan con un techo decorado. Una claraboya diseñada con motivos florales da la sensación de una ventana abierta a la naturaleza. No está mal.

Es más, se agradece. Y al mismo tiempo, me levanta una brisa de envidia hacia los pacientes de hace seis siglos en lo que hoy es Italia. La mente se me escapa hasta la sala de acogida de peregrinos del hospital Santa Maria della Scala, de Siena. Actualmente es la sala de recepción de la sección de urgencias, pero si yo hubiera llegado ahí maltrecha en pleno 1400 me hubiera encontrado inmersa entre espléndidos frescos de Domenico di Bartolo. No solo el techo, que ya en el 1300 ofrecía la vista del paraíso y sus ángeles, sino las paredes laterales del edificio recibían al enfermo con un canto a su dignidad. El efecto debía de ser el mismo que el de los modernos acuarios: una impresionante inmersión en la belleza. De un lado esos frescos —con más expresividad que el mejor documental de National Geographic— contaban la historia del propio hospital, del otro lado —haciendo gala de una excelente cultura corporativa— se expresaba la misión, visión y valores de ese enorme centro de acogida medieval.

Desde la camilla, centrando la mirada aquí o allá, el enfermo de siglos pasados podía advertir muchos primeros planos. Uno sobre el que hoy mi memoria hace *zoom* muestra al rector del hospital acogiendo, entre muchísimos que también son atendidos de modo individual y con gran esmero, a un peregrino concreto, llagado y sucio. La herida en la pierna es llamativa, pero más llamativo aún es que el rector del hospital se acerque a ese recién llegado, se arrodille ante él mirándole a la cara y se disponga a lavarle los pies. Para llegar a la parte mala quiere pasar primero por el rostro y por el corazón del paciente. La adoración, la reverencia hacia el enfermo, uno a uno, viene antes que el tratamiento de la enfermedad por sí misma.

Último pitido de la maquinita. Vuelta a la realidad:

—Ya se puede levantar.

Todavía no ha terminado el tiempo de la prueba. Toca esperar reposando un poco más, medio tumbada en un confortable sillón. A mi lado, otras pacientes que también entornan los ojos. Antes tuvimos ocasión de contarnos trayectoria y heridas de guerra, pero ahora se nos pide callar. Las miro y pienso en otras muchas mujeres y niñas que a lo largo de los siglos han pasado por hospitales. Tiempo de *zapping* mental. Vuelvo a la Toscana, porque tengo muy vivas unas clases sobre belleza y caridad de la profesora Mariella Carlotti, buena conocedora del lugar. Me adentro ahora, como una niña abandonada, en el hospital de Santa María de los Inocentes de Florencia, primera obra de la historia humana dedicada a la infancia, con seis siglos de funcionamiento y medio millón de niños atendidos.

Según queda documentado, la acogida en el hospital se hacía de esta manera: quien no tenía más remedio que abandonar a un niño —por pobreza, vergüenza social o cualquier otro motivo— hacía sonar una campanilla ante una pequeña ventana enrejada. Entonces, desde dentro se recibía al pequeño cuerpo, que debía caber por entre las rejas. En la parte interior, a la que el ventanuco daba luz, dos figuras de un belén de tamaño natural —la Virgen María y san José—, obra de Marco della Robbia, esperaban al recién nacido. Apenas depositado en una cuna entre ambos personajes de cerámica, todo el personal del hospital era convocado para mirar durante unos minutos al pequeño bebé: tenían que admirarlo como persona y hacerse a la idea de que venía alguien que para ellos merecería los mismos cuidados que el Niño Jesús. En el libro de registro del hospital no aparecían como «abandonados», sino: «Depositado en el belén el día… a la hora…».

Tanto en el hospital de Siena como en el de Florencia, la caridad y la belleza se fundían para evitar que alguien fuera considerado un simple y replicable 17-BLU. Y es que el riesgo era y sigue siendo bastante alto: el culto a la eficiencia, el cientificismo, el economicismo, la digitalización o las prisas pueden comerse al paciente integral. Por eso eran precisos frescos que continuamente recordasen la visión y misión, o protocolos que obligaran a considerar a los enfermos, antes que nada, personas: personas singulares, dotadas de dignidad única.

Encienden la luz.

—*Tutto a posto!*

Nos podemos marchar.

En el primer pasillo que cruzo hacia la salida, me topo con un cartel en italiano: «La persona al centro», y lo vuelvo a encontrar en el siguiente pasillo y en el siguiente. Claramente, es el lema de la Fundación Policlínico Universitario Campus-Biomédico de Roma y este es uno de los métodos del siglo XXI para que a todos nos entre por los ojos la misma lección que querían transmitir los hospitales toscanos. Esta universidad y centro hospitalario nacieron en 1993 como proyecto que pretende colocar el valor de la persona en el centro de las ciencias biomédicas, y poner el saber científico y la excelencia de la atención médica al servicio de la persona durante la particular experiencia de la enfermedad.

Subiendo las escaleras mecánicas que me llevan ya a la planta de ingreso, me admiro ante la belleza arquitectónica del lugar. El patio central, que recibe una enorme cantidad de luz natural, se cierra en torno a un *Ficus benjamina*, un enorme laurel que se yergue como señal de esperanza para todos los que tienen que pasar por aquí en busca de salud y vida. También aquí, como en Siena y Florencia, encuentro una síntesis entre profesionalidad, cuidado y belleza, en cuyo *corazón* vale la pena profundizar: ¿de dónde surge en todos estos hospitales, en diferentes siglos de la historia, este coraje de querer cuidar de este modo tan integral?

Y de coraje se trata, porque para implicarse a fondo con cada paciente se requiere un impetuosa decisión y esfuerzo de ánimo, un «echar el corazón por delante» y aspirar a engrandecerse para poder excederse en el servicio a los demás, atendiendo a más razones que las de la simple razón.

A partir de aquí, invito al lector a explorar el secreto de los corazones que dieron vida a estas iniciativas.

EL SUEÑO DE UN ZAPATERO

Italia es meta de peregrinación y paso hacia otros lugares santos. Desde hace más de dos mil años hileras de peregrinos han recorrido a pie los caminos que unían Jerusalén, Roma y Santiago de Compostela. Se calcula, por ejemplo, que en el año jubilar del 1300 unos dos millones de peregrinos de toda Europa visitaron Roma. Quien haya caminado decenas de kilómetros por el Camino de Santiago o por la *via Francigena* sabe bien que compañeras de viaje serán pronto las ampollas y las heridas en los pies. Y eso hoy, que disfrutamos de calzado superadecuado, calcetines y todo tipo de accesorios protectores. En torno al siglo IX la situación debía de ser penosa, y Siena, centro urbano de paso hacia la Ciudad Eterna, recibía cientos de caminantes, desechos de la cabeza a los pies. No es de extrañar entonces que —según la leyenda— un zapatero de la ciudad (el beato Sorore) se viera abrumado de trabajo. Y que, abrumado también por los dolores ajenos, propusiera a un canónigo de la catedral la construcción de un centro de acogida de peregrinos que a la vez fuera hospital. Ocurría esto en el año 898. Y así habría nacido el primer centro de acogida de extranjeros en Europa, aún en pie: el hospital de Santa Maria della Scala. Desempeñó también un papel cultural importante, pues el proyecto reunió a artistas de gran talla, enseguida veremos por qué. El primer documento que lo menciona es una escritura de donación del 29 de marzo de 1090.

Al menos desde 1193 y hasta el siglo XVIII, el hospital asumió muchos esfuerzos filantrópicos: a menudo llegaban ahí bebés abandonados para los que se establecieron registros meticulosos relacionados con cada niño, de modo que sus padres biológicos pudieran reconocerlos más tarde, si fuera el caso. El procedimiento para su cuidado se implementaba según la edad: de los más pequeños se encargaban las nodrizas; una vez destetados, se les daba la primera educación. A partir de los ocho años, aprendían un oficio y se les iban guardando las ganancias que obtenían, de modo que, al llegar a la mayoría de edad, si decidían irse, recibían todos esos ahorros, más cien monedas, un lote de ropa y muebles adicionales. A las niñas les daban, además, cincuenta liras como dote para favorecer su casamiento.

Tres veces a la semana se servía comida para los pobres. Los enfermos también se beneficiaban de alimentos y tratamientos gratuitos, que resultaban inauditos para la época: cada uno tenía su propia cama y las sábanas debían mantenerse limpias. Desde el inicio, el hospital empleó un médico y un cirujano. Con el paso de los siglos, todo el complejo se fue convirtiendo en un espacio de aprendizaje y entrenamiento para quienes se disponían a desempeñar la ciencia médica.

A los peregrinos se les proporcionaba alojamiento y manutención. Llegaban a las salas adornadas con frescos, de las que ya hemos hablado, donde las pinturas tenían dos metas precisas: una educativa, para explicar sin necesidad de palabras el origen y la finalidad del centro de hospitalidad, y otra consoladora: quien llegaba con un pena, física o moral, podía consolarse inmerso en la belleza. Se ofrecían conciertos y espectáculos teatrales, para distraer y aliviar los ánimos.

Cuando abandonaban el hospital, los peregrinos llevaban vales para comida y bebida en todo el territorio sienés, mientras continuaban su viaje.

Todo este enorme complejo de cuidados surgió por iniciativa de cristianos comunes, fue regentado con gran profesionalidad, se mantuvo autosuficiente y en más de una ocasión salvó de la bancarrota a la República sienesa. Pudo ir adelante gracias a las donaciones, legados y herencias de sus ciudadanos.

El hospital se concibió porque la semilla del dolor de viandantes extranjeros fecundó el corazón misericordioso de un humilde zapatero, que tuvo el coraje de hacerse grande en sus aspiraciones, acudió a quien podía materializar sus deseos y se mantuvo perseverante en su propósito. Ese fuego de piedad contagió primero a un canónigo de la catedral, que pudo erigir el hospital, y luego se fue extendiendo ciudadano a ciudadano, de modo que el recinto de los cuidados fue agregando casas donadas y espacios privados, cedidos para esa gran obra común. Así creció comiéndose hasta un tercio de la ciudad. Al final, no solo cambió la fisonomía urbanística, sino también el alma de la urbe, de modo que, sobre la puerta de acceso a la ciudad que ha acogido durante siglos a millones de hombres que de toda Europa se dirigían a Roma o a Tierra Santa, los sieneses han dejado esta inscripción: *Cor magis tibi Sena pandit* («Más que esta puerta, Siena te abre el corazón»).

LA MEJOR INVERSIÓN DE UN MERCADER

Con tan solo trece años, Francesco deambulaba solo por las calles de Florencia. La peste negra, que había asolado Europa provocando millones de muertos, se había llevado a todos los suyos. Esta pandemia —la más devastadora de la historia de la humanidad— encontró su epicentro geográfico y temporal en la Florencia de los años 1347-1353. Por los datos que tenemos, irrumpió primeramente en Asia, para llegar a Europa a través de las rutas comerciales. Introducida por marinos, dio comienzo en Mesina y de allí se fue extendiendo por diversas áreas: algunas quedaron totalmente despobladas. Al final de la pesadilla, Europa había perdido entre el treinta y el sesenta por ciento de sus habitantes. En Florencia sobrevivió solo un quinto de la población. Francesco Datini y su hermano pequeño se contaban entre esos afortunados.

Antes de la pandemia, la economía había recibido un cierto empuje gracias a las buenas producciones agrarias, la reanudación de caravanas comerciales por la Ruta de la Seda, la mejora de las técnicas de navegación y la construcción de navíos, con las que se lograban transportar cargamentos de gran tamaño desde puertos en el mar Negro o el Mediterráneo hasta Barcelona, Marsella o las ciudades italianas.

Toda esta conexión territorial fue determinante para la expansión de la terrible enfermedad.

Dos niños solos, en la Europa del siglo XIV, no tenían mucha posibilidad de subsistir. Si la enfermedad no había acabado con ellos, en breve lo harían el hambre o la delincuencia. Solo los podía salvar algún acto de piedad, y así pasó. Una mujer caritativa los acogió en su casa, y un año después Francesco corría de una calle a otra, de taller en taller, como mozo de recados, contentando a unos y a otros, oyendo hablar de poblaciones más prósperas y forjando sueños para revivir. Pronto, una meta se instaló en su mente: Aviñón, la nueva sede papal.

La inseguridad en que se encontraba Roma en 1309 había hecho que el nuevo papa Clemente V decidiera trasladar su residencia a Burdeos y más tarde a Aviñón, feudo papal. A partir de él, otros seis papas optaron por permanecer bajo el amparo del rey francés y desempeñar el ministerio petrino desde esa localidad. Finalmente, Gregorio XI determinó volver a Roma, en 1377.

El papa reinante durante la adolescencia de nuestro Francesco fue Juan XXII, que hizo florecer económicamente Aviñón. No es de extrañar, pues, que el joven Francesco preparara su hatillo y se dirigiera hacia allá en busca de mejor fortuna. De hecho, a la vuelta de diez años, se había convertido en uno de los hombres más ricos de Europa, con un *holding* mercantil que se extendía desde Irán a Marruecos, de Crimea a Inglaterra.

A su muerte, en 1410, sin descendencia, decidió dejar toda su fortuna a los pobres de Prato, su zona natal, con la idea de contribuir a erradicar la indigencia. Separó mil florines para la creación en Florencia de un hospital para niños abandonados, y la asociación del Arte de la Seda —corporación de mercaderes que comerciaba con este producto— asumió la responsabilidad de ejecutar ese deseo. Otros mercaderes se unieron al proyecto, y en 1419 comenzó la construcción. Fue encargada a Brunelleschi, arquitecto que en ese momento estaba realizando la gran cúpula de la nueva catedral florentina. La caridad se gestionó de modo empresarial y el plan estuvo desde el inicio impregnado de belleza. Renombrados pintores renacentistas adornaron con sus obras la capilla y otras estancias del hospital. *La Adoración de los Magos*, de Domenico Ghirlandaio dejó «fotografiados» algunos personajes destacados de la construcción del edificio. En la *Madonna col Bambino*, Botticelli imaginó una preciosa Virgen María protegiendo a los niños en el pórtico del hospital.

El 5 de febrero de 1445 llegó la primera niña, a la que dieron el nombre de dos piedras preciosas —Ágata Esmeralda— como para subrayar a todos los dependientes de la estructura que llegaba a sus manos una joya, no un desecho. Ágata, como los demás niños que siguieron su suerte, quedó al cuidado de una nodriza. Cumplían ese oficio mujeres pobres, chicas solas o las mismas madres de los niños acogidos en la institución. Más adelante se contó con nodrizas externas, pues se vio que la vida en el campo favorecía la alimentación y el crecimiento de los pequeños. Allí los amamantaban hasta los dos años y permanecían con esas mismas familias hasta que tenían cinco o seis. Los que sobrevivían volvían al hospital para recibir educación y aprender un oficio. Las niñas a menudo eran empleadas en familias acomodadas de Florencia, donde se ganaban la dote para su matrimonio o para ingresar en un monasterio, si es que se decidían por la vida religiosa.

«Da cosa nasce cosa», dice un proverbio italiano. Una cosa lleva a la otra y solo empezando a hacer algo, aunque sea pequeño, se puede acabar construyendo algo grande. La imaginación de la caridad es expansiva, así que entre los años 1600 y 1700, el hospital —ahora instituto— comenzó a acoger a madres solteras, a las que se les ofrecía la posibilidad de vivir ahí, ser nodrizas y recibir un subsidio que les permitiese ahorrar para rehacer su vida fuera, cuando lo vieran posible. El hospital invirtió en la investigación y numerosos médicos ilustres profundizaron en las patologías infantiles. Por primera vez en la historia se ensayaron métodos de lactancia artificial y se dieron avances en la ciencia obstétrica y pediátrica.

Conforme mejoraban las condiciones de la infancia, el hospital se transformó en instituto para promover iniciativas que contribuyesen a elevar las situaciones de la adolescencia y juventud. Desde el año 2004, el instituto funciona como empresa de servicios a la persona y sigue colaborando con el Gobierno, con organismos internacionales y con asociaciones que tengan objetivos afines.

El edificio del hospital de los Inocentes permanece en pie, a la vera del camino de los dolores humanos, como piedra miliar de la compasión y del cuidado. Y en sus fundamentos está el coraje luminoso con que una mujer acogió a un huérfano postpandémico de entre los negros escombros humanos de una ciudad arrasada por la peste.

DE CÓMO UNA LLAVE INGLESA TROPEZÓ CON UN INGENIERO

1934 no fue un año tranquilo para la República española. En Madrid, además, el crecimiento de la urbe y la polarización de las posiciones políticas estaban llevando a grandes tensiones sociales. Inmigrantes venidos de Andalucía y Extremadura se hacinaban en chabolas en la zona de Vallecas. La Iglesia hacía esfuerzos para atender en sus necesidades y ofrecer los valores del Evangelio a las gentes de esas zonas. La única parroquia situada en ese enclave

—la de San Ramón Nonato— no contaba con brazos suficientes para llegar a todos así que se apoyaba en jóvenes universitarios que voluntariamente dedicaban sus fines de semana a visitar a las familias, procurar alimentos, atender a los niños y dar instrucción religiosa a quien quisiera recibirla.

No era un ambiente fácil. Se respiraba un fuerte aire anticatólico y los jóvenes eran recibidos con recelo. Había que ser un valiente «todoterreno» para llegar allí.

Álvaro del Portillo era uno de ellos. Estudiante de Ingeniería de Caminos y de la Escuela de Técnicos de Obras Públicas, cada sábado, con su amigo Manuel, tomaba el metro para llegar al arroyo de Aboñigal y, una vez ahí, ponerse a lo que hiciera falta: buscaban ropa, alimentos, medicinas para todas aquellas gentes. En una de esas idas, los universitarios fueron testigos de la detención de un padre de familia acusado de robo. Como consecuencia, sus tres niños se quedaban solos en la chabola. Álvaro y sus amigos avisaron de la situación a la comisaría, pero no les hicieron caso. Desesperados, pagaron a un vecino para que acogiera a los pequeños y les diera de comer. Al día siguiente, los jóvenes estaban de nuevo en Vallecas. Venían a recoger a los tres niños para llevarlos a un albergue donde habían conseguido alojamiento. Así acababa para Álvaro aquella aventura: camino de la Ciudad Universitaria, con uno de los críos en brazos y el corazón más que satisfecho.

No todos los fines de semana tendrían un final tan feliz. El del 4 de marzo de 1934 acabó en los periódicos. Aquel domingo, los jóvenes catequistas habían ido a misa a la parroquia de San Ramón, para después, como siempre, dirigirse a las chabolas. Sin embargo, nada más cruzar el umbral de la iglesia hacia la plaza percibieron algo raro en el ambiente: demasiada gente expectante asomada a las ventanas. Casi no tuvieron tiempo de reaccionar cuando quince o veinte bravucones se les echaron encima para darles una paliza mortal. Los universitarios pusieron pies en polvorosa, corriendo hacia la estación más cercana de la línea 1 del metro: la del Puente de Vallecas. A uno alcanzaron a darle una buena paliza; a otro lo molieron a patadas; Álvaro recibió el impacto de una llave inglesa en la cabeza. Maltrechos como estaban, consiguieron llegar al andén en el preciso momento en que estacionaba un tren y se abalanzaron dentro. Las puertas se cerraron justo cuando sus perseguidores les iban a dar alcance: unos segundos más y allí mismo los mataban.

Álvaro no contó este episodio a su familia. Cuando vieron la venda en su cabeza, les dijo que se había caído. A pesar del peligro sufrido, siguió yendo a las periferias, para atender a los más pobres y necesitados. Un año después descubrió su vocación al Opus Dei. En 1944, con treinta años, recibió la ordenación sacerdotal. Fue estrecho colaborador de san Josemaría Escrivá de Balaguer durante décadas y en 1975 se convirtió en su primer sucesor al frente de esta institución católica que nació entre los pobres y los enfermos de Madrid. Falleció en 1994, apenas cumplidos los ochenta años, al regresar de una peregrinación a Jerusalén. En el año 2014 fue beatificado en Madrid. El papa Francisco lo definió como un precioso ejemplo de vida.

El golpe en la cabeza podía haberlo dejado loco, pero lo que consiguió fue grabarle de modo más profundo una enseñanza de san Josemaría: «Que tu vida no sea una vida estéril. Sé útil. Deja poso. Ilumina, con la luminaria de tu fe y de tu amor (…)». Álvaro continuó su vida trabajando y poniendo su corazón sacerdotal al servicio de muchos. Como prelado del Opus Dei recorrió 408.082 kilómetros para impulsar universidades, centros de investigación y labores sociales en los cinco continentes. Entre estas, hospitales como Monkole, en la República Democrática del Congo —que ha beneficiado a más de un millón de africanos— o la Universidad Campus-Biomédico de Roma, que ha salvado ya miles de vidas, dentro y fuera del hospital, incluso a bordo de un tren.

Tal cual: el 11 de marzo de 2023 —día, por cierto, en que don Álvaro hubiera cumplido ciento nueve años—, Inés Carrato tomó el Frecciarossa 9662 con dirección Roma-Milán para visitar a su hermano. Estaba sentada tranquilamente en su asiento cuando los altavoces empezaron a reclamar la presencia de un médico en el vagón número 3. Ella acababa de terminar medicina en la Universidad Campus-Biomédico de Roma y se encontraba en el primer año de especialización. No dudó un segundo y corrió hacia el vagón indicado. Allí estaba un hombre de unos sesenta y cinco años, respirando fatigosamente, que segundos después se desvaneció y cayó al suelo. Nada más verle, Inés se convenció de la gravedad de la situación y de modo casi instintivo le hizo un masaje cardiaco. Ahora la que jadeaba era ella, concentrada en hacer volver a funcionar un corazón. Otros dos médicos presentes la animaban y sostenían, hasta que la fatiga se convirtió en celebración. Cuando el tren se estacionó en una parada improvisada, para que una ambulancia lo pudiera recoger, el pasajero ya había recuperado sus constantes vitales. «He sabido que está fuera de peligro», comentaba después Inés. «No he podido retener su nombre, pero no podré olvidar el "gracias" que me dijo en cuanto recuperó el sentido (…). Para mí, todo esto no hace más que confirmar la excelente formación profesional que estoy recibiendo y, sobre todo, los valores que inspiran tanto el Ateneo como el Policlínico». Seguro que don Álvaro, promotor de ese hospital universitario, estaría orgulloso de ella.

El complejo hospitalario de la Fundación Policlínico Universitario Campus-Biomédico de Roma no para de crecer. Una de las últimas novedades ha sido la creación del centro de cuidados paliativos integrales «Insieme nella Cura» («Juntos cuidamos»), que ofrece asistencia médica interdisciplinar, social, psicológica y espiritual, tanto con modalidad residencial como a domicilio. Busca proporcionar la mejor calidad de vida a los enfermos terminales y a sus familias.

En el *hospice*, la estructura residencial que acoge enfermos terminales, todos encuentran su lugar y dejan su huella. Aunque los pacientes se sepan ya en la recta final de la vida, el personal que los asiste tiene como meta lo que se proponía Juan en el segundo capítulo de este libro: recibir cada nuevo día de sus padres como un regalo y llenarlo de vida. Cuando llega la hora de la despedida, se ha hecho costumbre que médicos, enfermeras, voluntarios y quienes estén disponibles acudan a acompañar al paciente en ese último salto. Los creyentes rezan; los que no creen rinden honor a una vida humana. No siempre el paciente que fallece tiene familia conocida, y al encontrarse con esa experiencia, surgió una red de voluntariado particular: hay quienes se ofrecen a pagar los gastos funerarios, quienes se hacen presentes con flores y quienes se comprometen a orar por el difunto, porque nadie más lo hará. En el *hospice*, el morir, como el nacer, se integra bien en el arte de vivir. Ahí, cada vida y cada segundo de cada vida importa.

«Da cosa nasce cosa». Y el impacto de una llave inglesa en la cabeza de un joven ingeniero activó de modo prodigioso la valiente imaginación de la caridad que sembró de obras benéficas las periferias del mundo.

PLANOS Y PLANES DE UN ARTESANO PALESTINO

Podríamos seguir poniendo ejemplos de hospitales, de obras benéficas, de caridad…

Podríamos seguir citando nombres de audaces con corazón grande como el beato Sorore, el adolescente Francesco, el joven Álvaro, la universitaria Inés.

Basta trazar un recorrido por el mapamundi de la historia para encontrar, a la vera de las necesidades de la humanidad, una mano tendida por la Iglesia católica para sanarlos. Escuelas, orfanatos, hospitales, leproserías, universidades, redes solidarias… Obras caritativas de diversa índole, todas ellas hijas de la calle, respuestas a las llamadas de los cuerpos y los corazones de los hombres, singulares y concretos. Es una historia interminable. La Iglesia católica —es decir, cada fiel suyo— es o deberá ser un verdadero hospital de campaña —en expresión del papa Francisco—, una casa de acogida de llagados humanos, donde soldados heridos se curan, se consuelan e iluminan a otros hermanos también heridos.

Y, sin embargo, no son ellos mismos la razón última de esta cadena de cuidados universal.

Hubo alguien que miró primero con ternura al hombre, se acercó primero a los dolores de la humanidad, los contempló respetuosamente, los tocó, los exploró y, conmovido en sus entrañas, los sanó.

Jesús de Nazareth fue un rabino muy especial. Palestino de nacimiento, artesano de profesión, de dinastía real y sacerdotal, autodidacta en cuanto a la ley y la tradición. Maestro peripatético, casi fanático del caminar. Se proclamaba Hijo de Dios y su propósito vital fue dar a conocer a quien se encontrara por delante el rostro y el nombre de su Padre: misericordia. No le bastaban las palabras. Recurría a los hechos, por eso animaba: «Venid a mí todos los que estéis cansados y agobiados y yo os aliviaré» (Mateo 11, 28). Pero no se contentaba con llamar, salía Él mismo a buscar, a predicar. Se hacía el encontradizo con las personas, se paraba ante ellas, les descubría sus necesidades más íntimas y, aunque se le derretían las entrañas queriendo remediar males, espoleaba su libertad para que pidieran ser sanados, liberados, reafirmados. Curó muchos cuerpos. Fortaleció muchos ánimos. Pero, sobre todo, transformó corazones y configuró miradas. A los ojos de los hombres, murió crucificado, con tan solo treinta y tres años de edad. Ante los ojos de muchos de sus contemporáneos, resucitó de entre los muertos y subió a los cielos.

Con su nacimiento, irrumpió en un hogar humano: se dejó cuidar, aprendió a cuidarse y cuidó incansablemente a otros. Con su muerte y resurrección, prometió un nuevo hogar a los humanos. Y esa promesa es la verdad más íntima que cada uno de nosotros posee, capaz de encender nuestra esperanza día a día.

No salimos del caos ni volvemos al caos. Somos caminantes, que, sin saberlo o a sabiendas (gracias a la fe), nos dirigimos hacia nuestra casa definitiva: el corazón de un Padre.

Todo caminante necesita su bastón: un soporte que fije su paso, aparte piedras, compruebe la fijeza del suelo, la profundidad de un charco, que atice la lumbre cuando al atardecer se enciende el fuego… Un palo que permita zarandear ramas de los árboles para obtener sus frutos, que permita colgarle un hatillo para trasladar pertenencias, que sea una mano alargada para ayudar a levantarse a un compañero que cae o que amenace al asaltador que se abalanza por sorpresa en un recodo del camino. Hoy nos compraríamos unos buenos palos nórdicos de aluminio ultraligero, con tacos en las puntas y cuerpo ajustable según nuestra altura. Jesús de Nazareth usaría uno de madera. Madera de cedro, roble, pino… Como buen carpintero habría escogido una vara fuerte, de dos o tres pulgadas de diámetro, la habría cortado a la altura de su axila, le habría quitado la corteza con su cepillo de carpintero y dejado secar al sol unos cuantos días; después quizá la barnizaría y afilaría su base. Tal vez le tallaría una marca, en forma de cruz, para distinguirla de la de otros caminantes.

Él supo que para avanzar hace falta un sostén que favorezca el equilibrio y amortigüe las pisadas. Que también son necesarias viandas, para alimentar el cuerpo y fortalecer los músculos. Que se necesitan refugios durante el camino, para descansar y recuperar fuerzas. Que se precisan referencias, para no perder el norte. Muchas veces, en sus trayectos por Galilea, Judea o Samaria se conmovía porque veía a las muchedumbres perdidas, como ovejas sin pastor... Por todo eso, en el momento sublime, cuando debía partir de este mundo, decidió lo que solo un Dios puede obrar: irse y quedarse. Subir a los cielos y permanecer en la tierra: en forma de alimento, de sostén, de refugio, de brújula, de prenda de una promesa. Se quedó en forma de Pan Vivo, custodiado en el templo que es la Iglesia católica.

Esta es la fe de los cristianos. Y, por eso, la casa bella que es la Iglesia, aunque a veces aparezca tiznada y sucia por los errores y horrores humanos, contiene, a pesar de todo, la única joya que nos da vida y nos la promete en abundancia. La Iglesia es el altavoz que nos recuerda constantemente que Dios nos asiste, nos alimenta y nos cuida (a todos, absolutamente a todos), nos lanza al cuidado de los demás y de toda la creación material.

Oculto en ese Pan Santo, Dios parece inmóvil, pero en realidad es el corazón cuyo latir impulsa cualquier gesto de amor sobre la tierra. A lo largo de la historia, el eco de su palabra, siempre pronunciada de modo nuevo por ese Cristo vivo a cada generación de hombres (Dios nos ha creado por amor; todos los hombres formamos una gran familia; nos espera un mismo hogar...), ha logrado fecundar la cabeza y el corazón de muchas personas, haciendo surgir nuevas normas y nuevos tipos de relaciones sociales, capaces de lidiar con numerosos y urgentes problemas humanos. En la Antigüedad grecolatina, en ciudades colmadas de vagabundos y desposeídos, el cristianismo brindó tanto caridad como esperanza. En ciudades abarrotadas de forasteros y extraños, ofreció una base inmediata para establecer lazos y adhesiones personales. En ciudades llenas de huérfanos y viudas, el cristianismo expandió un sentido de familia más amplio. En ciudades desgarradas por la violencia y las disputas étnicas, estableció una nueva base para la solidaridad social. En núcleos urbanos enfrentados a epidemias, incendios y terremotos, prestó atenciones y cuidados efectivos. A lo largo de los siglos, el cristianismo ha ido dotando a las generaciones de una novedosa capacidad para responder a problemas crónicos al hacer surgir y mantener organizaciones y relaciones sociales atractivas, liberadoras y efectivas.

En la era medieval, cuando solo las instituciones eclesiásticas prestaban ayuda a los indigentes, la caridad se practicó con empeño. Los monasterios inspirados en la reforma de Cluny aportaron claros beneficios a la sociedad: en todas las casas, el limosnero tenía la obligación de hospedar a los viandantes y los peregrinos necesitados, a los sacerdotes y religiosos que estaban de viaje y, sobre todo, a los pobres que acudían para pedir comida y un techo durante algunos días.

También de esa época datan dos instituciones relevantes: las llamadas «treguas de Dios» y la «paz de Dios». En una época fuertemente marcada por la violencia y por el espíritu de venganza, las «treguas de Dios» aseguraban largos periodos sin beligerancia, con ocasión de determinadas fiestas religiosas y de algunos días de la semana. Con la «paz de Dios» se pedía que se respetara a las personas indefensas y los lugares sagrados. De este modo, en la conciencia de los pueblos de Europa se incrementaba el proceso de larga gestación que llevaría a reconocer, cada vez con más claridad, dos elementos fundamentales para la construcción de la sociedad: el valor de la persona humana y el bien primario de la paz.

Además, como sucedía con las demás fundaciones monásticas, los monasterios cluniacenses disponían de amplias propiedades que hacían rendir diligentemente, contribuyendo así al desarrollo de la economía. Junto al trabajo manual, se llevaban a cabo también algunas actividades culturales como las escuelas para los niños, las bibliotecas y los *scriptoria* para la transcripción de libros. De esta forma, hace mil años, cuando estaba en pleno desarrollo el proceso de formación de la identidad europea, la experiencia cluniacense, difundida en amplias regiones del continente, aportó su valiosa contribución. Recordó la primacía de los bienes del espíritu, mantuvo viva la tensión hacia las cosas de Dios, inspiró y favoreció iniciativas e instituciones para la promoción de los valores humanos, y educó en un espíritu de paz.

A finales del siglo XV, la llegada de europeos al nuevo continente de América dio lugar a muchos abusos, pero también dejó esa tierra sembrada de instituciones hospitalarias. Por poner solo un ejemplo, entre 1521 y 1764 se fundaron en México treinta hospitales y siete colegios que dieron acogida e instrucción a enfermos, pobres, huérfanos, indígenas y mestizos; diez hospitales en Perú; seis en Santo Domingo; cinco en Panamá; cuatro en Guatemala; uno en El Salvador; siete en Chile; tres en Venezuela; dos en Argentina; cinco en Colombia; cuatro en Ecuador; tres en Puerto Rico…

Podríamos seguir, siglo por siglo, pero conviene abreviar. En todos los tiempos, la grandeza de la fe ha convivido con la bajeza de los hombres. La Iglesia, lugar que nos pone en contacto con Dios, está poblada de pecadores que a menudo la ensuciamos y afeamos, por eso ha de cuidarse a sí misma con procesos de purificación y de petición de perdón. Uno de especial relevancia tuvo lugar en marzo del año jubilar del 2000, cuando Juan Pablo II quiso purificar la memoria de la Iglesia y pedir perdón por actos históricos en los que la misma institución o grupos de cristianos habían actuado en contra de los valores evangélicos. En esa ocasión, en el marco de una gran Jornada del Perdón, se confesaron públicamente distintas culpas: las generales; las cometidas en el servicio de la verdad; contra la unidad de los creyentes; en relación con el pueblo judío; contra el amor, la paz, los derechos de los pueblos, el respeto de las culturas y de las religiones; las que han herido la dignidad de la mujer y la unidad del género humano; y las que atentaron contra otros derechos fundamentales de la persona. Los pontífices posteriores han seguido arrojando luz sobre las llagas de la Iglesia y adoptando medidas para que algunos graves errores sean castigados y no vuelvan a cometerse.

Pese al barro del que estamos hechos los hombres, la Iglesia está también repleta de santos que nos muestran lo grande que el amor de Dios puede hacer a las personas. Lo importante es señalar que, en todos los siglos, en todos los lugares, donde haya un corazón cristiano *conectado* verdaderamente con Jesucristo, es de esperar que florezcan nuevas formas de solidaridad y amistad social. A veces empiezan por acoger —haciendo de tripas corazón— al prójimo más próximo. Eso fue justo lo que me desveló la conmovedora historia que me narraron dos cristianos corrientes: Jaime y Ester. Empezó hablando ella:

Jaime y yo venimos de familias desestructuradas; los dos crecimos con muchas heridas y una profunda soledad. Soy médico, por eso me sirvo de metáforas que vienen de la medicina para explicar lo que nos pasaba. Cuando tienes un déficit, el cuerpo se encarga de buscar en el mismo organismo cómo suplir. Cuando te falta algo, lo buscas como sea. Pues así andaba yo; como me faltaba tanto afecto, me liaba con el primero que pasase.

Conocí a Jaime en tercero de Medicina. Éramos jóvenes ilusionados, sin tener idea de nada. Desconocíamos nuestras heridas e inercias.

Nos casamos y empezamos a tener hijos. Todo podría parecer externamente feliz, pero yo no veía en él paz; daba la impresión de que siempre le faltara algo, algo que yo no lograba colmar. Poco a poco empezó a desencantarme el matrimonio. Él dejó de estar en el orden de mis prioridades. Estuve muy cerca de serle infiel.

No encontraba fuerzas dentro de mí misma, así que tuve que pedir a la Virgen María que me ayudara a enamorarme de mi marido de nuevo. Y sucedió. Vinieron dos hijos más. Sin embargo, seguía viendo a Jaime inseguro, a la defensiva, hasta que un día lo encaré: «A ti te pasa algo».

Sí. Le pasaba. Me confesó que desde hacía mucho tiempo era esclavo de una adicción.

Se me cayó el mundo encima. Había estado doce años viviendo con una persona que no estaba siendo del todo sincera conmigo. Me invadió la ira y pensé: «Hasta aquí he llegado. Mis hijos no van a sufrir un matrimonio que no funciona». Me pareció una cruz áspera y oscura, demasiado pesada para mí.

Sin embargo, la actitud de Jaime me desarmó. Se abrió totalmente. Empezó a pedir ayuda, con humildad de niño y fortaleza de acero. Verlo así, recomenzar una y otra vez, confiando en mí, en mi ayuda, en mi sostén, me derritió por dentro. En esa humildad gigante, lo vi semejante a Cristo y pensé: «Él no es mi cruz, él es mi Cristo». Pude dar otra lectura a los acontecimientos y entender que, al ocultarme anteriormente su herida, lo que pretendía era cuidarnos, protegernos de un dolor.

Cuando Ester terminó de hablar, tuve que darme un respiro. Entonces miré a Jaime, por si quería añadir algo más:

A mis veinte años se separaron mis padres. El cuidado entre ellos no existía; hablaban dos idiomas diferentes. Mi madre fue incapaz de demostrar el amor a los hijos. Crecí con una parte coja. Sentía que había algo que no andaba bien. Veía la vida a través de una capa gris y, casi sin darme cuenta, para salir de esa niebla, desarrollé una adicción.

Conocí a Ester, una mujer brutal, con quien pensé que superaría mis carencias. Sin embargo, el problema que había provocado la adicción seguía vivo y yo estaba afectivamente truncado, cada vez más aislado.

Pero Dios es un gran cuidador y nos cuida a través de personas. Hubo tres que me guiaron en el momento en que estallé: un profesional, un sacerdote y Ester. No te das cuenta de lo ciego que estás hasta que te quitan la venda. Más que consejos teóricos, lo que yo necesitaba era acompañamiento y realmente lo tuve.

Ahora, mirando hacia atrás, no sé si podría haber sido más feliz sin que esta espada me atravesara. Después de absorber todo este dolor, he encontrado una grandísima felicidad.

Yo pensaba que amar era hacer cosas. Pero amar es ponerte a disposición, abrirte a lo bestia. Amar es fiarse y dejar que te conozcan con todas tus miserias. Para poder cuidar hay que conocer. Es muy difícil cuidar a alguien que no se deja conocer. Ser amado es ser conocido.

Esta lección nos ha costado sangre, pero ha resultado una forja para los dos. A partir de esto, nosotros, como matrimonio, encontramos un campo nuevo de crecimiento en el amor que no hubiéramos sido capaces de descubrir si no fuera por la luz que aportó esta herida.

Ester me ha cuidado en los detalles, con oración, con gestos de cariño y palabras de aliento, saliendo de ella misma, a pesar del dolor que le he provocado.

Otras veces, ese cuidado es asociativo, más organizado y profesional. A finales de septiembre de 2022 participé en el congreso «Be to care», que tuvo lugar en Roma, en la Pontificia Universidad de la Santa Cruz. Tenía por subtítulo: «Para involucrarse y cuidar, primero hay que ser». El evento reunió a ciento cincuenta participantes, protagonistas de iniciativas sociales promovidas en setenta países de cuatro continentes para hacer frente a desafíos como la desnutrición infantil, la inclusión social, la acogida de inmigrantes, la promoción del desarrollo cultural y profesional de adolescentes, la ayuda a madres solteras y a mujeres indigentes, la reconversión profesional de prostitutas, la acogida de refugiados de guerra, la batalla contra la indiferencia la soledad...

Ahí encontré a Lucía, una de las *mujeres brújula* que cité en mi libro anterior. Sigue implicada en Impulso Social, en Buenos Aires y el congreso volvió a encender sus ganas de dignificar a las personas más necesitadas de su país. El intercambio de experiencias con otras muchas personas dedicadas profesionalmente a lo mismo le proporcionó nuevas ideas para crear contextos y condiciones en los que el desarrollo pueda ocurrir y las personas puedan, así, perfeccionarse en todas sus dimensiones. Pero, antes que nada, reforzó su propia identidad: le golpearon unas palabras de monseñor Fernando Ocáriz, prelado del Opus Dei y conferenciante del congreso: «Como discípulos de Jesucristo, estamos llamados por un nuevo título —el de cristianos— a cuidar a las personas, a cuidar el mundo». En su exposición explicó que cuando los seres humanos ignoran o se desentienden de su condición de ser hijos de Dios, todas sus relaciones quedan afectadas: con uno mismo, con los demás y con la creación.

Para entender esto, tenemos que viajar «al origen».

De la tienda de Siria al jardín del Edén

Que Dios se haga hombre, se deje cuidar, nos enseñe a autocuidarnos y nos espolee a cuidar a otros es algo que produce maravilla. No solo nos ha revelado un origen —somos hijos de un Padre amoroso— y nos ha desvelado un destino —Dios nos prepara un hogar—, sino que nos ha dejado un modo de transitar este mundo: cuidarnos unos a otros y el mundo que habitamos.

Cuando en una familia se quiere volver a los orígenes, recordar el principio de fiestas o tradiciones, recoger momentos memorables, recurrimos a los archivos fotográficos. ¿Quién no ha pasado buenos ratos hojeando antiguos álbumes de fotos que resumían los hitos de la historia familiar? O en versiones más recientes, ¿quién no ha producido un vídeo *amateur* para recopilar los momentos estelares de un viaje hecho en común, de un proyecto logrado, de un año particular?

Pues Dios nos ha dejado un precioso libro con imágenes de nuestro inicio. Ha querido contarnos cómo y por qué vinimos al mundo. El libro del Génesis, que forma parte de la Biblia cristiana, nos muestra el esmero, la atención con que Dios diseñó al ser humano (varón y mujer). No los lanzó a la vida sin más: preparó un entorno precioso, habitable, desbordante de vida, de luz y color. Lo dejó todo suficientemente acabado para que pudiéramos vivir y suficientemente inacabado para que pudiéramos co-crear con Él: conquistar el entorno material con la ciencia y la técnica, cultivar la tierra y hacerla florecer.

Al ponernos frente a cualquier otro ser humano, Dios se recrea. Nos hace ver que, al encontrarnos ante otro yo, encontramos un tú que tenemos que contemplar, aprehender quién es y finalmente exclamar con admiración: «Eres hueso de mis huesos, carne de mi carne». Hemos de respetarnos desde esa igual dignidad que nos otorga el común origen y el mismo final, y hemos de respetarnos desde la diversidad que ofrecen los diferentes dones recibidos: don de la feminidad o la masculinidad; talentos para la labranza o para la pesca; aptitudes y habilidades para caminar por este mundo.

Es lo que poco a poco fueron aprendiendo Adán, Eva, Caín y Abel, la primera familia fotografiada. Adán y Eva se conocieron como varón y mujer, como amantes corresponsables ante Dios, como esposos multiplicadores de la especie humana, como padre y madre de dos nuevos seres humanos, concebidos de sus entrañas. Caín y Abel se reconocieron como hijos de Dios e hijos de sus padres: aprendieron a vivir con una dimensión trascendente de la vida. Por los cuidados de sus padres y por la protección de Dios, crecieron sanos y fuertes, talentosos y exitosos. Caín, un experto labrador; Abel, un pastor experimentado. Lo que les diferenció fue el modo de autocuidarse: Abel mantuvo el orden del amor: primero Dios, el recuerdo amoroso de su propio origen, la mirada agradecida ante la vida y respetuosa ante los demás. Para él, el trabajo bien hecho, aunque con fatiga, se convertía en fiesta al ver cada nueva camada de ovejas, y esa alegría daba alas a su liberalidad para no adueñarse de modo absoluto de lo producido por él, sino para ponerlo en común, reservando lo mejor a Dios. No se volvía ansioso por los frutos: respetaba el orden y el ritmo de la creación. Así, decisión tras decisión, relación tras relación, iba tejiendo una vida armónica, plena, en gran equilibrio con su hábitat natural.

Caín se descuidó. Puso el obrar por delante del ser y dejó que su hacer se convirtiera en el fin de su propia existencia. No se preocupó de su memoria y dejó que se desdibujara la alegría de su origen, la presencia paternal de Dios. Confundió su propio valor, atribuyéndolo no a la dignidad de su ser, sino a los frutos de su obrar, ansioso y acelerado. Poniendo la productividad en primer plano, distorsionó su mirada hacia los demás: primero hacia Dios, a quien comenzó a percibir como un incordio, después hacia Abel, que se hizo objeto de su envidia; también hacia sus padres y hacia el amor de estos por sus dos hijos por igual. No supo encauzar sus emociones ni depurar cognitivamente sus sentimientos, por lo que la tristeza tiñó su vida, ennegreciendo el alma y abatiendo el cuerpo. Fue entonces cuando Dios le salió paternalmente al encuentro y lo puso en guardia ante su propia libertad: «¿Por qué estás tan enojado? ¿Por qué andas cabizbajo? Si hicieras lo bueno, podrías andar con la frente en alto. Pero, si haces lo malo, el pecado te acecha, como una fiera lista para atraparte. No obstante, tú puedes dominarlo» (*Génesis* 4, 6-7).

Caín se pavoneó de su independencia, de su alta autonomía y no supo reconocer que la vida de su hermano era mejor. Su libertad, llamada al amor, se envenenó y por eso un día, sin más, mató a Abel. En tan poco lo tenía, que no dio cuenta de esa vida ni siquiera a sí mismo. Tan lejos de la verdad se había ido.

Pero Dios es luz y vive en la verdad. Nos ha dado una libertad responsable; por eso no dudó en tratar a Caín como el adulto que era y le preguntó: «¿Dónde está tu hermano Abel? No lo sé —respondió—. ¿Acaso soy yo el *guardián* de mi hermano?» (*Génesis* 4, 9).

Dios no contestó. Probablemente dejó la pregunta suspendida en el aire, devolviéndola a la mente y al corazón de Caín como un aguijón punzante. Y al final de un largo silencio, concluyó: «¡Qué has hecho! —exclamó el Señor—. Desde la tierra, la sangre de tu hermano reclama justicia» (*Génesis* 4, 10).

Dios no tuvo más remedio que arrojar a Caín de su presencia y así se convirtió en errante, sin meta y sin amor. No respondió directamente a la pregunta de Caín: «¿Acaso soy yo el guardián de mi hermano?», sino que le hizo comprender que era el custodio de eso y de mucho más: de su propia dignidad, de su libertad orientada originariamente hacia el bien, de la grandeza de su relación con Dios, de la armonía con los demás seres humanos y con todo lo creado. De hecho, según predijo Dios, todo eso se perdería: en adelante cultivaría y no recogería frutos, ya no podría ser un hermano de nadie, sino un fugitivo de todos. Se había autocolocado en una condena existencial. Solo con su autonomía no iría a ninguna parte.

Entonces emergió la vulnerabilidad de Caín: «Este castigo es más de lo que puedo soportar —le dijo Caín al Señor—. Hoy me condenas al destierro, y nunca más podré estar en tu presencia. Andaré por el mundo errante como un fugitivo, y cualquiera que me encuentre me matará» (*Génesis* 4, 13-14).

Caín hace un elenco de los males que verdaderamente nos desesperan: el sinsentido existencial; vivir sin origen ni destino; no contar con la presencia protectora de Dios ni de los demás; crecer como un lobo entre lobos y quedar a merced del más fuerte. Una soledad profunda y la rebelión de la naturaleza.

Desde ahí, desde ese reconocimiento de la propia insuficiencia por parte de Caín, pudo seguir construyendo el Señor: «No será así —replicó Dios—. El que mate a Caín será castigado siete veces. Entonces, el Señor le puso una marca a Caín, para que no fuera a matarlo quien lo hallara» (*Génesis* 4, 15).

Dios ha dejado en nuestras manos lo que más quiere: ha confiado el hombre, cada hombre, al cuidado de los hombres. Cuando fallamos en el propio cuidado y renegamos de cuidar a los demás, entonces Dios mismo sale como garante y defensor de nuestra propia vida. Y nos asegura que, pase lo que pase, continuamos siendo sus hijos y nos sigue esperando el hogar que podríamos haber construido juntos.

Ni nuestra voluntad ni las sociedades que diseñemos ni los Estados que nos gobiernen podrán darle a la muerte la última palabra. La última palabra la tiene Él y su palabra es: vida, perdón, renovación, salvación, misericordia. Rescate.

Mirando este primerísimo álbum de fotos familiar, se me aclara la duda que me asaltó a la salida de la tienda de Siria y que compartí con Caín. «¿Soy acaso custodio de los demás humanos?». Sí: somos corresponsables de cuidar el mundo estableciendo relaciones fundadas en la caridad, la justicia y el respeto, superando la enfermedad de la indiferencia, abrazando la humanidad que cada uno encarna, para reconocernos hoy y ahora como parte de la misma familia. Solo entonces, el cuidado del hábitat, el del entorno, será también verdadero e integral. Si no, en vez de llenar la tierra de jardines floridos y huertas fecundas, la sembraremos de vertederos y cementerios.

No diría que es exageración…

CAPÍTULO 7

ECOLOGISMO INTEGRAL

Después de meses, por primera vez entro en el hospital sin la perspectiva de una sesión de quimioterapia. Subo ligera las escaleras, jadeando de emoción. La espera casi se me hace corta y cuando veo mi número anunciado en la pantalla, me acerco al mostrador con determinación, deshaciéndome en sonrisas.

—Hoy, solo visita médica —anuncio a la secretaria, rezumando liberación.

—¡Enhorabuena, Sánchez! Alargue el brazo…

—¿El brazo? —pregunto desconcertada, mientras con gesto maquinal lo extiendo por debajo de la ventanilla. Miro atónita la cinta plástica que vuelve a rodear mi muñeca: nombre y apellidos, fecha de nacimiento, código de barras. Sigo desposada con la enfermedad.

A la salida, uso las llaves del coche como pequeña sierra para desgarrar la pulsera que me mantiene esposada y la lanzo decidida en el primer contenedor de plástico que encuentro de camino al aparcamiento. Quiero deshacerme de mi fragilidad.

Ya en el asiento del conductor, las manos sobre el volante, la visión de mis muñecas liberadas me hace recapacitar. No es posible conducir la vida humana sin valerse de esos dos brazos: autonomía y vulnerabilidad. Así que vuelvo mentalmente a la papelera de residuos plásticos e introduzco uno más: la quimera de una autonomía total. Es importante acertar con lo que se quiere descartar.

Giro la llave. Arranca el motor. En marcha: queda mucho por vivir —por convivir— tras la sexta sesión.

EL GRAN VERTEDERO DEL MUNDO

Por esas extrañas conexiones que hace la mente, paso el recorrido de regreso a casa dándole vueltas al descarte y a nuestro problema global con las basuras. De pronto me vienen a la cabeza algunas lecciones de derecho internacional público que me gustaron especialmente cuando estudié la carrera, como las que regulaban la actividad en el espacio exterior. Recuerdo que si el gran desafío inicial —que, por cierto, sigue tristemente en boga— fue asegurar el uso pacífico del espacio, hoy hemos generado otra amenaza no pequeña: la basura espacial.

Desde 1957, año en que se lanzó el Sputnik I, no ha dejado de crecer el número de cohetes, naves e instrumentos que, una vez acabada su vida útil, han quedado en el espacio como objetos flotantes a la deriva. Las colisiones entre ellos y las explosiones en órbita provocadas por el remanente de combustible y baterías que transportaban, han generado cientos de miles de desechos amenazantes. A pesar de los esfuerzos y medidas aplicadas para mitigar estos peligros, la cantidad de residuos, su masa combinada y el área total que ocupan han crecido sin parar desde el lejano 1957 y las previsiones no son optimistas: muy probablemente el choque entre satélites en funcionamiento y basura espacial seguirá generando desechos continuamente.

La Agencia Europea Espacial ha diseñado un programa de seguridad espacial que incluye directivas, vigilancia y órganos reguladores, con el fin de asegurar un uso sostenible del espacio ultraterrestre. Lo cierto es que, siendo el entorno espacial un recurso natural limitado y compartido, sobrecoge ver el anillo de basura flotando en la órbita de la Tierra. Si los desechos siguen aumentando se podría llegar a una situación desastrosa, en la que cada impacto dé lugar a nuevos residuos, se incrementen las colisiones y, al final, algunas órbitas alrededor de nuestro planeta se vuelvan completamente hostiles.

O sea, que tenemos un espacio exterior repleto de promesas y de porquerías, por no habernos esmerado en cuidarlo desde el inicio.

Y algo parecido sucede con el espacio marítimo y terrestre. Cuando estuve en Brasilia —ciudad interesantísima—, supe que a tan solo treinta kilómetros existía uno de los vertederos más grandes de Latinoamérica: el de Lixão da Estrutural. Ahí convergían toneladas de miles de desechos del contiene americano y en torno a esta cordillera de basura convivían miles de recolectores informales —el sesenta y cinco por ciento de estos, mujeres— y las habituales aves carroñeras. Por su tamaño y por la cercanía a un asentamiento humano, la asociación Waste Atlas lo calificó como uno de los cincuenta más peligrosos del mundo. Tras sesenta años de funcionamiento en esas condiciones insostenibles, ha sido sustituido por cinco enormes contenedores. Algo es algo. Pero ejemplos como el de Lixão da Estrutural hay muchos, que aún siguen abiertos: el vertedero de Agbogbloshie, en Accra (Ghana), acumula unos dos millones de toneladas de residuos tecnológicos y está situado a tan solo diez kilómetros de una población con 2,3 millones de habitantes.

Waste Atlas lleva años mapeando estos lugares de inmundicia que representan la otra cara de la cultura consumista. En su lista aparecen otros vertederos de características similares a los que acabamos de mencionar, ubicados también en Latinoamérica, en África y en el norte de Asia. Para entendernos: lugares donde viven dos tercios de la población mundial cargan con la basura que genera el tercio restante, residente en otras zonas del globo. Expresarlo en cifras puede aclarar la visión e ilustrar la dimensión del problema. Brasil produce trescientos ochenta y tres kilos de basura por habitante al año, pero le toca recibir los setecientos setenta y siete kilos anuales que genera por cada habitante Canadá y los setecientos treinta y tres que en igual medida produce Estados Unidos. Otro de los grandes vertederos del planeta está situado en Nigeria, que genera tan solo ciento cincuenta y tres kilos anuales de basura por habitante, mientras que países europeos como Alemania producen seiscientos diecisiete.

Como se intuye, el cierre o rehabilitación de estos lugares requeriría significativos y coordinados esfuerzos a nivel internacional, pero no se encuentra una voluntad firme para lograr este objetivo. Quizá todo comience por un modo personal moderado y cuidadoso de consumir productos y generar basuras.

Respuestas en primera persona

Es interesante ver qué elementos descartamos: residuos alimenticios que podrían nutrir a muchos niños; torrentes de litros de agua que salvarían vidas y darían salud; millares de prendas de ropa que, a veces, por el camino, han dejado sin trabajo a productores locales, han explotado a mujeres y niños y nos han hecho brillar una temporada. Este último es el caso de millones de prendas procedentes de Canadá, Estados Unidos y Asia, desechadas para su reventa, que se acumulan en un vertedero clandestino en el desierto de Atacama, en Chile, emitiendo gases tóxicos mientras se descomponen. Todo un símbolo de la desigualdad y de cómo el consumo desmedido contamina el planeta.

Desde hace varias décadas, hemos ido tomando más conciencia de la responsabilidad social y ecológica en nuestras actividades y eso se ha plasmado en tratados internacionales, programas de empresas, iniciativas de organismos oficiales y mucha inventiva privada. Por ejemplo, me encanta usar Too Good To Go, una aplicación gratuita para móviles donde se ponen a la venta las sobras de restaurantes y tiendas, permitiéndote disfrutar de muy buena cocina a precios muy baratos. Pero no solo eso…

Su página web oficial en la versión española ofrece una explicación muy alentadora. Primero te hace consciente del problema: el desperdicio de alimentos es responsable del diez por ciento de las emisiones de gases de efecto invernadero. Desperdiciamos dos mil quinientos millones de toneladas de comida mientras ochocientos veintiocho millones de personas pasan hambre. Este desperdicio nos cuesta 1,2 billones de dólares al año.

Y luego nos convierte en héroes de la lucha contra el hambre con una solución muy sencilla: «El desperdicio de alimentos es un problema que podemos solucionar. Con Too Good To Go podrás salvar el excedente de tus negocios favoritos y darle un buen final. Con la aplicación Too Good To Go puedes salvar comida deliciosa de restaurantes y establecimientos de tu zona por muy poco dinero. Compra *packs* sorpresa y come bien al mismo tiempo que cuidas del planeta».

La aplicación nació en 2015, después de que cinco jóvenes daneses —Brian Christensen, Thomas Bjørn Momsen, Stian Olesen, Klaus Bagge Pedersen y Adam Sigbrand— fueran testigos de cómo toda la comida que no se había consumido en un bufé libre del que habían participado y que aún estaba en perfecto estado, acababa en cubos de basura. Pocos años después, la app está ya disponible en la mayoría de los países europeos, ha conseguido más de 9,5 millones de usuarios y se han asociado a ella más de diecisiete mil establecimientos, que han conseguido salvar 10.092.382 paquetes de comida.

Todo un ejemplo de la imaginación de la caridad.

Pero si seguimos buscando en nuestros vertederos, a veces nos quedamos sin habla y no siempre lo que encontramos se puede solucionar mediante una simple aplicación…

TESOROS ENTRE LOS ESCOMBROS

Peng Wang es un famoso pintor chino que, como otros contemporáneos suyos, encontraba inspiración en los residuos de basura: los colores, los brillos, las formas disparatadas de los desperdicios y la disposición aleatoria de los desechos componían nuevas figuras y armonías, que solo un ojo de artista puede captar.

Aquella mañana de 1996, como llevaba un tiempo haciendo, volvió con su cámara fotográfica al montón de basura situado bajo el puente gris. Le impresionaba el contraste entre el revoltijo colorido de residuos y la sobria superficie sombreada del hormigón grisáceo. No tardó en quedar impactado por un montón de maniquíes desechados de alguna tienda. Producían un efecto escalofriante esas sombras de figuras humanas, que flotaban como náufragos perdidos entre el mar de desperdicios. Se acercó para disponerlas de un modo más artístico, cuando se quedó petrificado. Entre los miembros acartonados de los maniquíes descubrió unas piernecitas de carne: aquello no era un figurín… Retiró algunos escombros, luego la bolsa negra que cubría el resto del pequeño cuerpo y por fin, la bolsa amarilla con la marca: «Residuos médicos». Aquello era un feto humano abortado. Debía de tener ocho o nueve meses. Peng se quedó ahí, arrodillado y absorto.

«¿Por qué hacemos esto? ¿Para qué?». Fue la primera vez que se cuestionó en profundidad la política de «un solo hijo» que el Gobierno chino venía aplicando desde 1979. Entonces comenzó su periplo de vertedero en vertedero, de basurero en basurero y en uno tras otro descubrió los mismos miembros, las mismas bolsas, el mismo horror…

Peng Wang tenía un hijo. Lo había visto crecer hora a hora. Había deshojado minutos admirando la paz en la que dormía, lo maravilloso que era así, quieto y apacible, tranquilo y seguro en su cuna. Con esa misma mirada observó a cada uno de esos fetos. Eran como su hijo: lo veía en ellos. Decidió guardar uno de esos pequeños fetos en formol, y contemplarlo en todas sus posiciones, reverenciándolo. El que escogió tenía la piel rosada, aunque nadie lo lavó después del parto. Mantenía una sonrisa en sus labios. Wang se preguntaba por qué: por qué se puede sonreír cuando se ha sido abortado y privado de vida. Su conclusión fue clara: vivir en esa época en China habría sido tan miserable, que el niño estaba feliz de que se le hubiera ahorrado ese destino.

El artista concibió un proyecto: *Motive*. Pintó un feto en cada una de las trescientas sesenta y seis páginas del libro de pensamientos de Mao Tse Tung. Quería llamar la atención de sus contemporáneos sobre la gran escala del fenómeno: esterilizaciones y abortos forzados, tráfico de bebés, destrucción de familias, confiscación de bienes y miles de no nacidos lanzados como desperdicios en los vertederos más vulgares. Era su modo de mostrar la fragilidad de la vida y al mismo tiempo gritar el respeto que cada una merece.

Peng Wang fue perseguido. En 2014 destrozaron su exposición a las afueras de Beijing y se lo llevaron preso. Fue descartado, como hombre y como artista, como sus fetos.

DE VERTEDEROS A CEMENTERIOS

En la cultura del descarte, se pasa pronto de desecho a vertedero y de vertedero a cementerio. Si volvemos los ojos al mar Mediterráneo, las cifras nos pueden dejar sin aliento de nuevo. Otra artista, Banu Cennetoğlu, de nacionalidad turca, se lanzó a rescatar de este vertedero humano los nombres de miles de migrantes fallecidos en sus rutas desde África hacia Europa, hasta componer su obra *The List*.

En el año 2002, siendo estudiante de fotografía en la Rijksakademie de Ámsterdam, navegando por Internet, encontró un documento que mostraba información de diversas fuentes sobre las muertes que estaba produciendo el fenómeno migratorio. La cascada de nombres, edades, género, orígenes y causas de muerte de las personas que perdían la vida al intentar emigrar a Europa la sacudieron de arriba abajo. Entonces decidió salvar al menos sus nombres y colocarlos, como trabajo artístico, a los ojos del mundo, pensando que la única manera de provocar un cambio es que todos empecemos a pensar sobre nuestra parte de responsabilidad en esas muertes e incorporemos las conclusiones.

La primera exhibición de *The List* tuvo lugar en Ámsterdam, en 2007; ha llegado hasta la estación de metro del Paseo de Gracia, en Barcelona. Las cifras en *The List* incluyen muertes de inmigrantes por diversas causas, por eso llegan a 35.597. Si nos centramos en los que desaparecieron o murieron en el mar Mediterráneo en los últimos seis años, el proyecto Migrantes Desaparecidos de la OIM, que recoge estadísticas de fallecidos en distintas rutas migratorias del planeta desde 2014, estima que son ya más de quince mil. El fenómeno migratorio es un problema complejo, de muy difícil solución, pero no estamos eximidos de contribuir a solucionarlo.

Sé que está resultando un texto duro, pero propongo asomarnos a un último vertedero para estudiar qué desechos estamos acumulando. De nuevo una mujer —Rocío Núñez Calonge, especialista en Ginecología y Obstetricia, máster en Bioética— nos guía esta vez entre bombonas de nitrógeno líquido, mantenido a -179 grados centígrados. Esparcidas entre diversos centros de fecundación asistida de España, acumulan miles de embriones humanos congelados abandonados y sin destino.

Hasta ahora, se sabía que en España había embriones congelados sobrantes, pero no se había calculado cuántos. Una investigación del Grupo de Ética y Buena Práctica Clínica de la Sociedad Española de Fertilidad (SEF) logró identificar dónde están y cuántos son, para poder plantear soluciones a las autoridades. En 2022 estaban registrados más de seiscientos sesenta y ocho mil embriones criopreservados, excedentes de tratamientos de reproducción asistida. Esto es así porque —para optimizar la rentabilidad— las clínicas de reproducción asistida cultivan más embriones de los que transfieren al útero de la madre; y, especialmente, porque la aplicación de la técnica de diagnóstico genético previo, para seleccionar embriones según alguna característica deseada, necesita un número elevado de embriones entre los que elegir.

Pues bien, el trabajo liderado por la doctora Rocío Núñez se propuso indagar dónde están esos cientos de miles de embriones cultivados y cuál es el destino reservado a cada uno de ellos. Sirviéndose de encuestas entre clínicas de reproducción asistida, se llegó a localizar unos trescientos setenta y seis mil cuatrocientos cuarenta y cinco embriones y a contabilizar los que de estos se destinan a cada finalidad: un cincuenta por ciento queda para el uso que los progenitores le quieran dar; un dieciocho por ciento se asigna a investigación; un cinco por ciento se ofrece a parejas que quieran adoptar y casi sesenta y ocho mil embriones (otro dieciocho por ciento) se eliminan. Bastantes de los donados para investigación, al no tener proyectos asignados, no se usan y permanecen congelados.

El doce por ciento restante queda abandonado: ¿por qué? Catorce mil nueve de estos óvulos fecundados no cumplen los requisitos de donación para los que fueron creados. Los otros cuarenta y seis mil que completan ese tanto por ciento pertenecen a dueños que han dejado de pagar para su mantenimiento (el coste es de doscientos euros al año por muestra) o que en su momento no expresaron un deseo específico sobre los embriones sobrantes. Muchas de esas personas resultan ilocalizables para las clínicas, así que los embriones quedan atrapados en un frío callejón sin salida.

A estas decenas de miles de vidas humanas en estado embrionario —las cifras continúan en un alza imparable—, el Tribunal Constitucional español las considera «un bien jurídicamente protegido por efecto indirecto del derecho fundamental a la vida reconocido solo a favor de la persona nacida». Todas, por tanto, quedan a merced de la responsabilidad de sus padres-dueños; o de quienes asignan los proyectos investigación; a merced de la demanda del mercado, como un producto comercial más; o a la voluntad de los Estados, que podrían descongelarlos y dejarlos morir naturalmente o continuar con el ensañamiento científico sobre esas vidas.

Por ahora, los miles de embriones esperan su veredicto sumergidos indefinidamente en bombonas de nitrógeno líquido.

Después de un paseo por estas zonas nauseabundas, es necesario salir a tomar aire fresco, buscar un poco de luz. Y no he encontrado cita más reveladora que la del papa Francisco en el número 117 de su encíclica *Laudato si'*: «La falta de preocupación por medir el daño a la naturaleza y el impacto ambiental de las decisiones es solo el reflejo muy visible de un desinterés por reconocer el mensaje que la naturaleza lleva inscrito en sus mismas estructuras. Cuando no se reconoce en la realidad misma el valor de un pobre, de un embrión humano, de una persona con discapacidad —por poner solo algunos ejemplos—, difícilmente se escucharán los gritos de la misma naturaleza. Todo está conectado. Si el ser humano se declara autónomo de la realidad y se constituye en dominador absoluto, la misma base de su existencia se desmorona, porque —sigue la *Laudato si'* recogiendo una cita de Juan Pablo II—, "en vez de desempeñar su papel de colaborador de Dios en la obra de la creación, el hombre suplanta a Dios y con ello provoca la rebelión de la naturaleza"».

Podemos querer salvar el planeta, pero si no nos planteamos un ecologismo integral, que incluya la defensa de lo humano, dejaremos peligrosas grietas por donde se cuele la muerte.

De cada persona humana, en cualquiera de sus fases de desarrollo, sí se puede decir: «Too good to go!».

CAPÍTULO 8

EN RUTA HACIA LA CULTURA DEL CUIDADO

Va llegando la hora de recapitular lo tratado en este libro y ponerle un punto final.

Por todo lo que hemos ido exponiendo, podemos afirmar que los individuos de la especie humana son esperados con nombre propio ya antes de nacer, asistidos cuando van a morir, cuidados una vez fallecidos y recordados después de la muerte. Cuando una sociedad nos deja nacer, crecer y morir como átomos aislados, sin amor generador, fortificador o consolador, ha perdido humanidad. Se le ha oscurecido el esplendor del valor y de la verdad que cada persona singular conlleva y empieza a tratarnos a granel.

Después de vadear algunos campos donde prevalece la cultura del descarte y observar las consecuencias que produce, al menos a mí me entran ganas de apretar el botón nuclear, como proponía la protagonista de la película *La boda de Rosa*, para hacer saltar por los aires muchas cosas. Pero eso, sin más, no serviría de nada si no fuera acompañado de alguna propuesta de reconstrucción, si no encontrásemos vías para diseminar una verdadera cultura del cuidado, que nos facilite la feliz empresa de custodiarnos y hacernos florecer, de modo incondicional.

Cuidar excelente y esmeradamente de lo humano para dar así gloria a Dios es el fin último y genuino de la actividad de los hombres, pero para que su actuar cuaje en una sociedad de los cuidados ha de transitarse un camino, que describiré como varios círculos en espiral.

El primero es el de la autocomprensión del hombre como animal racional interdependiente, en el que racionalidad, vulnerabilidad y sociabilidad son características que impregnan todas las esferas vitales y todas las etapas de su biografía. La vida humana es una, cabal y completamente humana tanto en los momentos de mayor autonomía como en los de mayor dependencia, desde el inicio hasta la muerte.

El segundo círculo podríamos explicarlo como la identificación de los principios del actuar humano digno, basados en esas características originarias: el principio de autonomía, el principio de benevolencia y el principio de justicia. Son tres fuentes de actuación que nos encaminan hacia un cuidado libre. El cuidado no es una mera necesidad del que ha perdido autonomía, sino oportunidad para un singular encuentro entre humanos, que requiere, por ambas partes, disposiciones también singulares: apertura al otro, comprensión y decisión de disponerme a procurarle el bien. El encuentro con el otro me llevará a ensayar diversas modalidades de cuidado que podrán funcionar o no, y que, por eso mismo, deben estar abiertas a revisión.

Pasamos al siguiente círculo cuando la comunidad en la que cada uno vive (pueblo, ciudad, país) nos ayuda desde diversas instancias a examinar las razones que tenemos para cuidar y nos guía para evaluar si lo que hacemos, verdaderamente, procura el bien de los demás y el propio, nos ofrece razones prácticas para cuidar al otro y fomenta en cada persona virtudes intelectuales y morales para perseverar en ese propósito y para hacerlo del mejor modo posible. Esto supone un sustrato ético y cultural que va más allá de lo que indican las leyes y me anima no solo a no hacer lo que la ley prohíbe, sino a capacitarme para realizar de modo excelente lo que la ley permite. El cuidado así entendido y vivido pasa a ser un valor público, que se va encarnando en estilos de vida y gestos respetuosos y cuidadosos con la vida humana, en preocupación efectiva por la dignidad del trabajo, por los desafíos de las familias; por la situación de ancianos, abandonados, rechazados, desplazados, despreciados; en la responsabilidad y cuidado de la creación pensando también en el desarrollo integral de las próximas generaciones.

El último círculo culmina con la instalación de dinamismos sociales expresivos de las relaciones de reciprocidad, que son las que hacen posible el florecimiento humano pues, en palabras de Alasdair MacIntyre, «los individuos logran su propio bien en la medida en que los demás hacen de ese bien un bien suyo, ayudándolo para que a su vez él se convierta en la clase de ser humano que hace del bien de los demás su propio bien, no de un modo interesado y calculador, sino con desinterés e incondicionalidad».

La cita parece un trabalenguas, pero tiene mucha enjundia. Es una de esas frases que vale la pena leer y releer.

¿Misión imposible?

Sostiene Higinio Marín en su obra *Mundus* que poner al planeta a salvo del hombre y al hombre a salvo de sí mismo se nos ha fundido en nuestros días en una única y una misma misión. La esencia y la existencia del hombre están comprometidas en el amparar.

Habiendo tanto en juego, nos conviene prepararnos para hacer posible esa misión y quizá pueden ser útiles estas nueve propuestas:

1. AUTOCONOCIMIENTO. Hemos de entrenarnos en el arte de autoconocernos. La labor de cuidar empieza por el conocer, por nombrar las cosas adecuadamente. Reconocer la inigualable dignidad de cada ser humano, como portador de novedad radical en el mundo, es el punto de partida que nos hace valiosos a nuestros propios ojos y a los de los

demás. Solo de la comprensión de ese valor inherente a cada vida humana nace el compromiso de cuidar a cada hombre —empezando por nosotros mismos— con un cuidado incondicional. No dejemos que nada (ni la economía, ni la superficialidad, ni la tecnología) roben al hombre su condición de fin para convertirlo en medio, en producto, en mera imagen o en frío objeto. No otorguemos a nada ni a nadie el poder de recalcular el valor de nuestra vida.

2. AUTOCUIDADO. La primera joya que tenemos entre las manos somos nosotros mismos. Es nuestro derecho y nuestro deber aprender a autocuidarnos y hacerlo de modo que ese autocuidado no se convierta en un parapeto egoísta, sino en lanzadera para cuidar a otros. Eso pasa por afinar la mirada; dirigirla a nuestro interior; descubrirnos libres, autónomos, vulnerables e interdependientes y amar cada una de esas notas, que nos levantarán preguntas iluminadoras: ¿quién soy?, ¿que amo?, ¿qué estoy dispuesto a aportar a eso que amo?, ¿qué estoy dispuesto a postergar por ese amor? El autocuidado entonces abarcará capas cruciales: nuestra capacidad de razonar dialogando con otros y sometiendo a crítica nuestras primeras valoraciones, impresiones y deseos; la fuerza de nuestra voluntad libre para mantener nuestras acciones en dirección al bien que queremos conseguir; la modelación de nuestras entrañas como entrañas solidarias; y el necesario descanso, que nos libera momentáneamente de preocupaciones y tensiones, proporciona claridad mental y nos ayuda a ordenar con una jerarquía justa todas nuestras actividades, incluido el servicio a los demás. Autocuidarnos implica aprender a mirar el mundo de un modo humanizante. Nos lleva a desarrollar una psicología del cuidado, que fructifique en actitudes de servicio cotidiano, sostenidas por las virtudes que posibilitan y acompañan el cuidar. Son las palabras y los gestos los ladrillos que nos permiten tender puentes hacia los otros o, por el

contrario, herir y maltratar. Y esta lección se aprende primariamente en la familia.

3. FORTALECIMIENTO DE LAS FAMILIAS. Es muy posible que un cuidado sostenible del planeta pase por el fortalecimiento de las familias, donde jóvenes, adultos y ancianos reciban los cuidados que cada uno requiere. La familia es un laboratorio de humanización y lo es por varios motivos. Para empezar, nos otorga una identidad: nos descubre nuestro propio rostro. La persona es de una condición tal y tan única, que solo se descubre a sí misma cuando recibe un tipo de cuidados específicos e incondicionales. Además, la familia nos injerta en una historia narrada: da cuenta de nuestro origen compartido con otros, nos proporciona la seguridad de que somos respuesta a un porqué; nos sitúa en un presente de cuidados y nos proporciona la posibilidad de un legado futuro. La familia, el hogar, nos ofrece un ámbito para encuentros seguros, amables, confiables. Nos asigna un espacio de desarrollo y crecimiento, también de reparación y restauración de heridas. Nos proporciona un remanso de tiempo, separado de la vorágine del devenir de fuera.

La vida no es tiempo que pasa, sino tiempo de encuentros, que en familia adquieren la posibilidad de generar vínculos significativos. En el seno familiar se nos facilita ir tejiendo tiempo vinculado, que dota de sentido e historia nuestro vivir. Ese sentido nos fortalece desde los fundamentos y nos libera de miedos. Así podemos ir fraguando lo valioso de nuestra vida a fuego lento; se nos posibilita la capacidad de contemplar, de descubrir lo bueno y de atesorarlo en la memoria. El bien guardado en el corazón destila gratitud y la conciencia de esa gratitud por los dones recibidos se transmuta con el tiempo en un gozoso deber de cuidar a nuestra vez a quienes amamos. Penetramos entonces en la lógica de la gratuidad, de la que nacen las entrañas solidarias que serán necesarias para volcar ese mismo esmero por lo humano en los diferentes ámbitos en los que se desarrolla después la vida del hombre: la amistad, la vecindad, el ámbito laboral, la cultura, la técnica. Toda inversión en políticas que refuercen la institución familiar puede contribuir a difundir la cultura del cuidado.

4. DESARROLLO DEL CUARTO SECTOR DE LA ECONOMÍA MUNDIAL. La familia no se agota en sí misma. Su genoma es un genoma social. En todas las épocas y regiones geográficas, la familia ha sido y es la célula primera de cualquier entramado social humano. Es un ámbito de florecimiento diseñado a la medida del hombre y su propio desarrollo como institución se apoya en el ejercicio de la sexualidad, la generatividad, la reciprocidad y la gratuidad. La familia que crece apoyada en esos principios tiene la capacidad de transformar la virtud individual en virtud social y es la mediadora por excelencia entre el ámbito público y el privado. Pero mantener sano ese ADN y favorecer su despliegue exige hoy potenciar virtudes personales y cambios estructurales.

La complejidad de la sociedad moderna hace necesario que ampliemos la visión de lo que la familia está llamada a realizar en el mundo, no solo de una en una, sino de modo asociativo, con un estatus jurídico que le permita ser verdadero interlocutor con la esfera pública y generadora de cambios sociales. Las redes familiares se hacen necesarias en el nuevo paisaje social, pues a menudo ni siquiera dos salarios permiten levantar un hogar: mientras las familias de renta media intentan subsistir, las más acomodadas quizá estén llamadas a librar una lucha efectiva para lograr cambios significativos en las políticas fiscales, en la responsabilidad familiar de las empresas y organizaciones, en el reconocimiento del valor económico del trabajo realizado en el ámbito del hogar, etc.

Más allá del Estado y del mercado, el sector de servicios ha surgido por el exceso del cuidado que la familia reclama. La economía familiar es una economía de comunión, en la que se resalta el carácter absoluto de cada individuo, por encima de su productividad. Todo el cuidado directo a la persona que se realiza fuera del entorno familiar, se hace en nombre y en lugar de la familia, y debería estar impregnado por esa lógica de gratuidad y de exceso. La necesaria profesionalización del cuidado, perfectamente compatible con su condición de trabajo especializado y remunerado, no debe dejar de nutrirse de ese espíritu de gratuidad y atención concreta a la persona, que encuentra su lugar paradigmático en la familia. Esa profesionalización se hará de modo más humano en cuanto logre asumir la expectativa familiar respecto al cuidado del sujeto. El entramado de familias que se ayudan y apoyan unas a otras, dándose voz en el marco social, constituye el cuarto sector de la sociedad, que fomenta un tipo de economía de comunión, con una lógica diversa de la monetaria.

5. HACERNOS CONSCIENTES DE NUESTRO LUGAR EN EL MUNDO. Estamos asistiendo a una transformación laboral: se extinguen unas profesiones y aparecen otras nuevas. Hoy somos más conscientes de nuestra valía individual: somos portadores de talentos que el mundo puede recibir, para ser transformado en algo mejor. El desarrollo individual no es una meta absoluta: conviene ponerlo en relación con las necesidades sociales. La sociedad crea y ofrece puestos, huecos, que pueden ser ocupados por muchos y nos toca descubrir en cuál de ellos aportaremos más. Por otra parte, también nosotros somos capaces de escuchar los gritos de dolor de la sociedad actual y procurar ponerles remedio con nuestro ingenio empresarial. Es importante descubrir para qué servimos, hacia qué nos sentimos personalmente inclinados y querer contribuir desde ahí a la construcción de una sociedad cada vez más justa y mejor. Visto así, el trabajo se convierte en fuente de solidaridad y las diferencias en las opciones y preferencias se pueden entender como sana y necesaria complementariedad.

Cuanto más amplia diseñemos la sociedad, más ocasión daremos a todos para que cada uno encuentre su digno lugar en el mundo, un lugar que no solo está definido por el puesto laboral que ocupamos, sino también por nuestro puesto en la familia humana. Trabajo y familia son dos pies que nos anclan en el mundo y nos mantienen firmes y erguidos. Si afianzar las dos pisadas se toma como propósito vital, tanto cada profesión como la realidad familiar se tornan cuidadoras de personas y armonizadoras de los distintos ámbitos vitales. La armonización, desde el origen, del ámbito familiar y laboral está siendo uno de los retos más entusiasmantes y revolucionarios de nuestro siglo que, por supuesto, afecta tanto a hombres como a mujeres.

6. PARAR LOS RELOJES, BAJAR EL RITMO. La prisa no es un modo humano de vivir en el tiempo. El humano cuida, custodia, repara, cultiva: todos estos verbos reclaman un tiempo peculiar, distendido. Cuidar requiere espera, contemplación, concentración en la persona y, por eso, tiempo liberado de la tiranía mecánica del reloj; tiempo flexible y adaptable a las mil peripecias del devenir humano. La prisa es una avaricia de actividades que deforma la mirada y nos atrofia los sentidos, impidiéndonos apreciar las necesidades de los demás o constriñendo el corazón de modo que no lo deja ser magnánimo para ocuparse de ellas. Lo propio del humano es contemplar: co-crear y recrearse en lo que hace.

Este siglo XXI ha atomizado el tiempo vendiéndonos instantes dorados, insustituibles, irrenunciables, sensacionales, en el sentido más estricto de la palabra. Quien vive el doble de rápido puede disfrutar en la vida del doble de opciones, cantan las sirenas del consumismo y el «eficientismo». Y nos lanza a la carrera, de un frente a otro, llenándonos de inquietud, confusión y desorientación. La prisa aborta los encuentros personales, impide la reflexión y el aprendizaje. El gozo inmediato no deja espacio a la admiración ni a la apreciación de belleza.

Parece que nuestra revolución hacia el cuidado debería incluir un fuerte reclamo a la desaceleración de los modelos de vida y a la pausada reflexión cuando se trata de hacer propuestas determinantes para la humanidad, como son las de leyes sobre bioética o el desarrollo de la inteligencia artificial.

7. EDUCARE: una educación intencional para el cuidado. Como venimos hablando, todos somos cuidadores potenciales. Como mínimo, el adulto que hoy soy debe desde ahora cuidar al anciano que, en principio, llegaré a ser. Pero cuidar requiere conocimientos y virtudes, que se deben fomentar tanto en la familia, como en la escuela como desde diversos ámbitos donde se encuentran los hombres.
Educar para el cuidado pasa por formar niños amantes del bien, sensibles y humanos. Niños alegres, que se sientan a gusto con la fragilidad, porque los educadores no buscan en ellos un «producto» (hijos 10), o porque no han sido sobreprotegidos y justificados, alejados de cualquier riesgo o dolor. Los cuidados que hayan recibido despertarán en ellos la responsabilidad y el gusto de cuidar a otros.
Educar pasa por formar jóvenes comprometidos con su entorno, que no se limiten a hacer el muerto en la corriente de la vida, sino que asuman un papel de protagonistas en la historia de su propia generación, que vayan probando poco a poco la responsabilidad de cuidar.
¿No deberíamos tener más a mano —en las familias, en los colegios, en los lugares de trabajo— guías para desarrollar en cada etapa virtudes como la compasión, la benevolencia, la liberalidad, la misericordia, el coraje que nos capacitan para dar? ¿No sería importante aprender a vivir la sencillez, la gratitud, la cortesía, la paciencia, la reciprocidad y la justicia que nos facultan para recibir cuidados de otros? Solo a través de un dar y recibir cuidados recíprocos se van forjando extensos y profundos vínculos de amor capaces de dar lugar a la familia humana: una

realidad concreta que ha de realizarse por sujetos concretos en tiempo y espacio determinados. Nos toca construir la familia humana del siglo XXI, en la aldea global. Y no por obligación o utilitarista necesidad, sino porque hayamos aprendido a degustar el gozo ético que deriva de ocuparse de los demás.

Es necesaria una tarea educativa que implique el desarrollo de hábitos solidarios, dé la capacidad de pensar la vida humana más integralmente y proporcione hondura espiritual para dar calidad a las relaciones personales. Así, será la misma sociedad la que reaccione ante sus inequidades, sus desviaciones, los abusos de los poderes económicos, tecnológicos, políticos o mediáticos.

8. EL DIÁLOGO COMO VEHÍCULO HACIA EL BIEN COMÚN. Lo explica bien el papa Francisco en su encíclica sobre la fraternidad humana: precisamente la relación y el encuentro con quien es diferente, si se realiza con amplitud de miras y grandeza de corazón, nos ayuda a percibir con más claridad y de modo completo quiénes somos, delinea nuestra identidad y clarifica los fundamentos de la propia cultura, ayudándonos a reconocer las propias peculiaridades, con sus riquezas, sus posibilidades y sus límites. También facilita que comprendamos al otro y lleguemos así a una apreciación más equilibrada de la realidad que nos circunda.

En un mundo cada vez más polarizado y agresivo urge aprender a sostener un auténtico diálogo social que respete a fondo el punto de vista y las convicciones legítimas de cada uno. Si nos convencemos de que cada quien puede aportar desde su propia identidad, le facilitaremos que reflexione y profundice en sus convicciones, que pueda exponer sus razones y así los demás logren comprender el sentido de sus actuaciones. Esa apertura a la escucha nos vuelve honestos y crea el clima de confianza suficiente para mostrar con autenticidad nuestras motivaciones, metas y comportamientos. Conversar será el único modo de encontrar puntos de contacto, de convivir en paz y de construir juntos el bien común.

Una sociedad no es más pluralista cuanto más relativista se muestre. Al contrario, el diálogo entre personas o comunidades con diversas cosmovisiones y perspectivas será fructuoso si se fundamenta sobre argumentos de razón, si se enriquece con aportaciones de diversos saberes que iluminen el camino y nos conduzcan hasta verdades elementales, compartibles, que han de ser siempre sostenidas porque quedan más allá de un consenso circunstancial. Hallar y aceptar ciertos valores permanentes será sin duda tarea ardua, pero solo sobre su reconocimiento se puede asentar una ética social sólida y estable.

No es posible un debate sin cierta tensión, pero tal como nos pasa en la vida personal, hemos de aprender a resolver esos conflictos sin que nos dañen o destruyan.

Una cultura donde impere el cuidado del otro, el cuidado como valor, se hace camino hacia la paz y es capaz de unirnos en pos de búsquedas comunes donde todos ganemos.

9. LA RELIGIÓN, ARTÍFICE DE LA PAZ. El violento inicio del siglo XXI, del nuevo milenio, nos ha hecho sentir más cerca la posible destrucción del mundo y representarnos distintos escenarios: desde el posible choque de civilizaciones vaticinado por Samuel Huntington; las disputas encarnizadas en torno a recursos naturales escasos prevista por Michael Klare; la proliferación de grupos terroristas internacionales o el violento odio entre quienes profesan distintas religiones.

Desde la Ilustración, prevalece la acusación a la religión como factor de odio y origen de enfrentamientos, y tristemente se ha de reconocer que en ocasiones se ha abusado del nombre de Dios para aplastar a otros hombres. Por otra parte, también es cierto que sobre un fundamento religioso se ha prestado mucha ayuda, se ha generado paz y rechazado la violencia: baste pensar en figuras como Gandhi, Martin Luther King o la Madre Teresa.

Por desgracia, no es infrecuente que se mezclen motivos religiosos para diversos fines, pero no es preciso recurrir a la religión para avivar el odio y provocar conflictos: cosmovisiones seculares que tienden a la exclusión y marginación de otros nos llevan a menudo hacia el enfrentamiento agresivo. En realidad, la ausencia de Dios desata violencias que alcanzan una magnitud impensable antes de los enormes campos de concentración del siglo xx.

En todo caso, que existan enfrentamientos provocados por motivos religiosos no debería ser, de por sí, una llamada a deslegitimar y descartar las religiones, sino a purificarlas. Razón y religión están llamadas a purificarse recíprocamente: la razón necesita liberarse de los límites que se autoimpone y abrirse a la trascendencia, y en esa tarea la religión puede ser una ayuda. A su vez, la religión necesita purificarse de elementos que contaminan su genuina orientación hacia Dios, con consideraciones de tipo político y económico, o por convencionalismos sociales. En el uso de la violencia, un paso de purificación es incidir en el compromiso de sus líderes por la paz y en la autenticidad e interioridad con la que la vivan personalmente los creyentes.

En 1986, el papa Juan Pablo II reunió en Asís a los líderes de las más relevantes confesiones religiosas del mundo, para procurar un compromiso común y orar juntos a Dios por la paz. Sus sucesores han mantenido esta cita hasta la actualidad, convencidos de que la oración y el diálogo interreligioso son piezas clave para la solución de muchos enfrentamientos.

Por hacer un poco de historia, en 2008, el semanario *The Economist* hizo un repaso de las numerosas instituciones religiosas dedicadas a promover la paz en el mundo. En su investigación, recogió los datos aportados por un estudio del Instituto Holandés de Relaciones Internacionales, que censa veintisiete grupos religiosos —cristianos, musulmanes o de otros credos— dedicados a mediar entre partes en conflicto. El análisis del trabajo de estas instituciones destaca entre los puntos fuertes de estos grupos que su presencia sobre el terreno y su autoridad moral y espiritual constituyen un referente para movilizar a otros hacia la paz, pues generan gran confianza por su neutralidad. También cita *The Economist* una investigación realizada en 2001 por el Instituto para la Paz de Estados Unidos, que concluía que «las organizaciones de paz basadas en la fe tienen un papel especial que desempeñar en las zonas de conflicto religioso».

Tal como señaló Benedicto XVI en 2011, cuando se cumplían veinticinco años desde que el papa Juan Pablo II invitó por vez primera a los representantes de las religiones del mundo a Asís para una oración por la paz, «el Dios en que nosotros los cristianos creemos es el Creador y Padre de todos los hombres, por el cual todos son entre sí hermanos y hermanas y forman una única familia. La cruz de Cristo es para nosotros el signo del Dios que, en el puesto de la violencia, pone el sufrir con el otro y el amar con el otro. Su nombre es "Dios del amor y de la paz" (2 Co 13,11). Es tarea de todos los que tienen alguna responsabilidad de la fe cristiana el purificar constantemente la religión de los cristianos partiendo de su centro interior, para que —no obstante, la debilidad del hombre— sea realmente instrumento de la paz de Dios en el mundo».

Desde luego, más allá de lo que algunos líderes religiosos o sus representantes puedan hacer en el ámbito global, es imprescindible apelar a la conciencia de cada quién, para que se sitúe en un camino hacia la paz desde su propia parcela vital, evitando o solucionando del mejor modo los microconflictos cotidianos.

Recupero aquí, para acabar, algo que dijimos en la presentación: el cristianismo lleva veintiún siglos difundiendo un mensaje de amor mutuo gratuito, inventando iniciativas de solidaridad extrema y haciéndonos levantar los ojos y las manos hacia Dios, gran cuidador. En la encrucijada actual entre cuidado o descarte, su propuesta sobre lo que es y lo que está llamado a ser el hombre tiene algo clave que aportar. Y esa aportación solo podrá llevarse a cabo si se despierta la audacia convencida de cristianos encendidos en su fe, que sepan orar con intensidad, que se dejen cuidar y restaurar por Dios, para cuidar de sus hermanos: aprendiendo a dialogar con el diferente y trabajando codo con codo con sus conciudadanos en la construcción de un mundo lo más humano posible.

LLAMADA A LA REVOLUCIÓN

Querido lector, si has llegado hasta aquí, sin descartar este libro a la mitad, quizá es porque te sientes interpelado a cuidarte y a cuidar. Desconozco tu historia, pero sé que a menudo es desde el dolor donde se aprende a soñar. Si estás dispuesto a apostar por una sociedad que nos cuide a todos, empieza por hacer las paces con tu fragilidad, busca tu fuerza interior, apóyate en otros y decídete a andar.

Ha llegado tu momento: gira la llave, arranca el motor, coloca con firmeza sobre el volante los brazos de tu fortaleza y tu debilidad, y pon tu vida en marcha hacia la cultura del cuidado.

Te queda mucho vivir y ayudar a vivir, después de haber transitado con estas páginas de la primera a la sexta sesión.

BIBLIOGRAFÍA

Libros

ARGEMÍ BALLBÉ, Xavi, *Aprender a morir para poder vivir: pequeñas cosas que hacen la vida maravillosa*, Barcelona, Grijalbo, 2021.

ASTUDILLO, Wilson, *et al.*, *Los valores del cuidado*, San Sebastián, Paliativos Sin Fronteras, 2021.

CABANAS, Edgar e ILLOUZ, Eva, *Happycracia*, Barcelona, Ediciones Paidós, 2019.

CAMPS, Victoria, *Tiempo de cuidados: otra forma de estar en el mundo*, Barcelona, Arpa, 2021.

DEBELJUH, Patricia y SERNA, Magdalena de la (coords.), *Hacia un nuevo mundo laboral y familiar. Guía de buenas prácticas*, Buenos Aires, Baur, 2021.

DOMINGO MORATALLA, Agustín, *Homo curans: el coraje de cuidar*, Madrid, Ediciones Encuentro, 2022.

DOMÍNGUEZ, Manel, *Sénior: la vida que no cesa*, Barcelona, Editorial Diëresis, 2023.

GEDA, Fabio, *En el mar hay cocodrilos*, Barcelona, Destino, 2011.

GUTMAN, Matt, *The Boys in the Cave*, William Morrow, 2018.

HAN, Byung-Chul, *El aroma del tiempo*, Barcelona, Herder, 2014.

—, *La sociedad paliativa*, Barcelona, Herder, 2021.

—, *No-cosas. Quiebras del mundo de hoy*, Barcelona, Taurus, 2021.

HARTL, Johannes, *La cultura del Edén. Ecología del corazón para un nuevo mañana*, Madrid, Ediciones Rialp, 2023.

HELD, Virginia, *The Ethics of Care: Personal, Political, and Global*, Oxford-Nueva York, Oxford University Press, 2006.

HEYER, Walt, *Trans Life Survivors*, Bowker, 2018.

HILLESUM, Etty, *Carta a dos hermanas de La Haya*, Ámsterdam, diciembre de 1942.

LAS HERAS, Mireia; GRAU GRAU, Marc y ROFCANIN, Yasin (eds.), *Human Flourishing: A Multidisciplinary Perspective on Neuroscience, Health, Organizations and Arts*, Cham, Springer International Publishing, 2023.

MACINTYRE, Alasdair, *Animales racionales y dependientes*, Barcelona, Ediciones Paidós, 2001.

MARCOS, Alfredo y PÉREZ MARCOS, Moisés, *Meditación de la naturaleza humana*, Madrid, Biblioteca de Autores Cristianos, 2018.

MARÍN, Higinio, *Mundus: una arqueología filosófica de la existencia*, Granada, Nuevo Inicio, 2019.

MENÁRGUEZ, Micaela, *Solo quiero que me quieran: tesoros y trampas del sexo y el amor*, Madrid, Ediciones Rialp, 2021.

MIRKOVIC, Aude y GATELLIER Claire de, *El debate del género*, Madrid, Ediciones Rialp, 2023.

MORTARI, Luigina, *La filosofia della cura*, Milán, Raffaello Cortina Editore, 2015.

MURTHY, Vivek, *Together*, Nueva York, Harper Wave, 2020.

SÁNCHEZ, Isabel, *Mujeres brújula en un bosque de retos. Ideas para superar la adversidad*, Barcelona, Espasa, 2020.

SNEAD, O. Carter, *What It Means to Be Human: The Case for the Body in Public Bioethics*, Cambridge, Harvard University Press, 2022.

TORNEL, Nacho, *Enparejarte. El arte de vivir con éxito tu relación*, Barcelona, Planeta, 2016.

— *Relacionarte*, Barcelona, Planeta, 2023.

VOLANTHEN, John, *Thirteen Lessons that Saved Thirteen Lives: The Thai Cave Rescue*, Aurum, 2021.

ZALBIDEA, María, *Cosiendo la brecha digital. Puntadas para construir el bienestar digital de tu familia*, Madrid, Teconté, 2021.

ARTÍCULOS

«Cose Nuove. Voci ed esperienze femminili dell'umanità», 21 de mayo de 2015.

«La drástica caída de nacimientos de bebés con síndrome de Down en Europa (y el debate que genera)», *BBC News Mundo*, 21 de marzo de 2023, https://www.bbc.com/mundo/noticias-64981751

«Una estrategia europea de cuidados para cuidadores y receptores de cuidados», Bruselas, 7 de septiembre de 2022, https://ec.europa.eu/social/main.jsp?langId=en&catId=89&furtherNews=yes&newsId=10382#navItem-relatedDocuments

BARRAZA, María, LAS HERAS, Mireia y ROFCANIN, Yasin, «Work, Family and Human Flourishing», *Human Flourishing*, pp. 97-114, Springer, 2023, https://EconPapers.repec.org/RePEc:spr:sprchp:978-3-031-09786-7_7

CABEZAS RÍOS, Roberto, «Reflexiones sin prisa para el 2023», *LinkedIn*, 30 de diciembre de 2022, https://es.linkedin.com/pulse/reflexiones-sin-prisa-para-el-2023-roberto-cabezas-r%C3%ADos

DONATI, Pierpaolo, «Facing Family Morphogenesis: When Families Become Relational Goods», publicado en https://www.pass.va/en/publications/acta/acta_23_pass.html en Pierpaolo Donati (ed.), *The Family as a Relational Good: The Challenge of Love*, Ciudad del Vaticano, Libreria Editrice Vaticana, 2023, pp. 296-328, https://www.pass.va/en/publications/acta/acta_23_pass.html

GONZÁLEZ, Ana-Marta, «Trabajo humano para un desarrollo humano», *Nuevas Tendencias* 110, 2023, pp. 40-41. Recuperado a partir de https://revistas.unav.edu/index.php/nuevas-tendencias/article/view/45028

MCALLUM, Kirstie y ELVIRA, Marta, M. «Zeroes, Service Providers or Heroes?», *The Electronic Journal of Communication* 25 (1 y 2), 2015, https://www.researchgate.net/publication/348849378_Zeroes_Service_Providers_or_Heroes_Dignity_and_the_Communicative_Politics_of_Care_Work

WALDINGER, Robert, «Work out daily? OK, but how socially fit are you?», *The Harvard Gazzette*, 10 de febrero de 2023, https://news.harvard.edu/gazette/story/2023/02/work-out-daily-ok-but-how-socially-fit-are-you/

La autora destinará parte de los beneficios obtenidos por la venta de este libro a sostener la Fundación Cuidativos, que se propone reunir un equipo profesional multidisciplinar, altamente cualificado, con formación en cuidados paliativos, geriatría y pediatría paliativa, para ofrecer a los pacientes, a personas mayores y a sus familias una atención integral. Quieren «dar vida a la vida que queda por vivir». (https://fundacioncuidativos.es/)